今日から
安全衛生担当
シリーズ

総括安全衛生管理者の仕事

福成雄三 著

目　次

はじめに・*13*

〈著者はこんな人〉・*15*

Ⅰ．総括安全衛生管理者として

1．安全衛生管理を見る目・*19*

⑴　遊離した安全衛生管理・*19*

⑵　ネガティブな世界から脱して・*20*

⑶　最初に取り組む・*20*

（3-1）立場で気付く／（3-2）方向性を示す

⑷　気を付けたい・*22*

（4-1）メッセージ性を活かす／（4-2）時間が掛かる／
（4-3）経験を活かす／（4-4）優秀な人材の視点／
（4-5）指示を出す／（4-6）権限の発動／
（4-7）現場に関心を持つ／（4-8）信頼して／
（4-9）展望を示す／（4-10）発言の重み／
（4-11）メッセージとして／（4-12）パフォーマンスを上げる

⑸　そもそも総括安全衛生管理者とは・*28*

（5-1）制度創設時の期待／（5-2）責任を持つ範囲／
（5-3）安全衛生法だけではなく／
（5-4）総括安全衛生管理者にしかできないこと

2．何を求めて・*31*

⑴　どこを向いて・*31*

⑵　法令順守（コンプライアンス）のため？・*32*

（2-1）法令に規定されているから／（2-2）求めていることは何か

⑶　リスクマネジメントとして・*33*

（3-1）経営の責任／（3-2）投資の指標／（3-3）二つの視点／
（3-4）BCPとしても

⑷　従業員と会社にとっての意味・36

　⑷-1）豊かな人生／（4-2）価値を生み出す

⑸　好循環を求めて・37

3．法令が求めること・39

⑴　総括安全衛生管理者の職務・39

　（1-1）規定されている職務／（1-2）勧告を受ける／
　（1-3）議長として

⑵　代行者を置く・41

⑶　事業者は、…なければならない・42

　（3-1）義務と努力義務／（3-2）罰則の適用

⑷　命令・勧告・指導など・43

　（4-1）行政処分／（4-2）是正勧告と指導

4．歴史と先人の発想を知る・46

⑴　「労働」の始まりとともに・46

⑵　安全衛生関係法令の変遷・47

⑶　先駆者と言われる経営者・49

⑷　先輩経営者の言葉・50

⑸　こんな事例があります・52

⑹　日本の到達水準・55

　（6-1）災害の発生状況／（6-2）英国の水準／
　（6-3）SDGsまで視野に入れて

Ⅱ．総括安全衛生管理者自身の仕事

1．安全衛生方針を示す・61

⑴　拠り所を示す・61

⑵　安全衛生方針の対外的意義・61

⑶　前文に思いを示す・62

⑷　方針を変える・63

2．経営を支える・64

(1) 経営の判断・64

(1-1) 判断を引き出す／（1-2）経営者の経験／
(1-3) 対外的な立場

(2) 経営トップからの発信・66

(3) 取締役会への付議・67

(4) 社内会議への報告等・67

(4-1) リスク対応関連会議など／（4-2）内部統制管理

3．安全衛生部門を活かす・69

(1) 安全衛生管理者を指揮する・69

(1-1) 安全衛生管理者とは／
(1-2) 安全衛生管理者の要件と職務／（1-3）場を設ける／
(1-4) より高いレベルで／（1-5）実態を把握させる／
(1-6) 専任と兼任

(2) 安全管理部門の役割・72

(2-1) 安全管理から見えてくること／（2-2）企画する／
(2-3) 技術面の課題への対処／（2-4）特定機械等の管理／
(2-5) マネジメントさせる／（2-6）安全管理者のキャリア／
(2-7) 安全管理者の選任と役割／
(2-8) 安全衛生管理情報を収集させる／
(2-9) 安全管理の状態を見極める

(3) 衛生管理部門の役割・78

(3-1) 職業性疾病の特徴／（3-2）作業環境等の改善／
(3-3) 衛生管理者の選任と役割／
(3-4) 衛生管理に責任を持たせる／
(3-5) 衛生管理の実態を摑む

(4) 健康管理部門の役割・81

(4-1) 自然体で健康管理に取り組む／（4-2）健康管理部門の役割／
(4-3) 健康保険組合との連携／（4-4）健康管理への期待／
(4-5) 産業医等を活かす／（4-6）医師としての産業医／
(4-7) 産業医等の勧告権限／（4-8）産業医を育てる／
(4-9) 産業医以外の健康管理スタッフ／
(4-10) 健康管理の実態を摑む／（4-11）感染症に対する考え方

4. 事業場組織を活かす・89

(1) 組織の課題・89

(2) 管理者（部門責任者）が要・89

(2-1) 管理者を指揮する／ (2-2) 管理者を支える／
(2-3) 職場に向き合う管理者／
(2-4) 他部門や部下とのコミュニケーション／
(2-5) さすがと思われる／ (2-6) 監督者をリードする／
(2-7) 管理者を育てる

(3) 監督者の意欲・93

(3-1) 現場のキーパーソン／ (3-2) 監督者を支える

(4) すべての従業員を対象として・95

(5) 管理部門・技術部門を動かす・96

(6) 労働組合と連携する・96

(7) 協力会社を指導・支援する・97

(7-1) 協力会社との関係／ (7-2) 法令で求められる措置／
(7-3) 協力会社に求める／ (7-4) すべての関係先に／
(7-5) 安全衛生管理の接点／ (7-6) 支援と管理

(8) 関係会社を指導・支援する・103

5. 職場を見る・105

(1) 見極めたいこと・105

(2) 機会をつくる・106

(2-1) 巡視の機会／ (2-2) ふらっと／ (2-3) 見せられる

(3) 報告を聞く・108

6. 安全衛生委員会を活かす・109

(1) 安全衛生委員会の考え方・109

(2) 委員の指名・110

(3) 委員会の運営・110

(4) 委員会の開催頻度・110

(5) 安全衛生委員会だけに拘らない・111

(6) 実りある場に・111

Ⅲ．安全衛生管理の見方

1．前提としておきたいこと・115

  ⑴　コピペしない・115

  ⑵　事業場全体の課題として・116

  ⑶　やる気・116

  ⑷　時代とともに・117

  ⑸　双方向のコミュニケーション・117

    （5-1）「言う」と「聞く」／（5-2）伝えたつもり／
    （5-3）情報共有／（5-4）媒体と機会

  ⑹　ヒト・モノ・カネ（人・物・金）・119

  ⑺　効率を考える・120

  ⑻　技術を活かす・120

  ⑼　立場を置き換えて・121

  ⑽　多様な価値観・122

  ⑾　時間軸・122

  ⑿　仕事のしやすさ・123

    （12-1）仕事から見る／（12-2）人間の特性

  ⒀　指導する視点・124

    （13-1）言わなければ／（13-2）厳しい指導／
    （13-3）認める／（13-4）引きずらない

  ⒁　整理して提示する・126

  ⒂　職場の評価と展望・127

2．安全衛生管理に向き合う・128

  ⑴　機械安全対策の推進・128

    （1-1）機械安全の考え方／（1-2）機械安全対策で見通す成果／
    （1-3）機械安全対策の推進／（1-4）対策の具体化／
    （1-5）残留リスクの管理／（1-6）危険な作業を無くす

  ⑵　化学物質の管理・133

  ⑶　リスクアセスメント・134

（3-1）リスクアセスメントの意味／
（3-2）職場で行うリスクアセスメント／
（3-3）評価結果の絶対視／（3-4）リスクレベルの低減

(4)　OSHMSを活かす・136

（4-1）基本になるOSHMS／（4-2）グローバルスタンダード／
（4-3）実効性を上げる

(5)　設備の新設・改造、機器の更新・138

(6)　老朽化対策・138

(7)　異常時対応（トラブル対応）・138

(8)　変更管理・139

(9)　規程・基準の整備・140

⑽　作業標準書（作業マニュアル）・140

⑾　順守（厳守）事項・141

⑿　資格者の配置、法定教育等の受講の仕組み・141

⒀　指揮者、リーダーの指名・142

⒁　表彰や認定・142

⒂　発表会・競技会・142

⒃　総点検・143

⒄　設備等を止める権限・144

⒅　危険な区域へ立ち入って行う作業・144

⒆　安全衛生保護具・機器など・145

⒇　点検と整備・145

㉑　表示・146

㉒　工事管理・146

3．安全衛生教育を活かす・147

(1)　教育への期待・147

(2)　教育の対象と内容・148

（2-1）個人単位で対象を見る／（2-2）派遣社員等も視野に

(3)　教育効果の見通し・149

⑷　動機付け・*149*

⑸　手法と課題・*150*

　　（5-1）手法の違いによる効果／（5-2）体感教育／
　　（5-3）ハードルを下げるための訓練／
　　（5-4）アクティブラーニングなど

⑹　企画者としての視点・*153*

⑺　教育効果の把握・*155*

⑻　技能教育をベースに・*155*

⑼　個別指導・*156*

⑽　啓発資料の発行・*156*

4．労働災害発生時の対応・*158*

⑴　災害発生時の対応の基本・*158*

⑵　関係機関への報告・*159*

⑶　災害原因へのアプローチ・*159*

⑷　災害の教訓を活かす・*160*

　　（4-1）対象と方法／（4-2）教訓を活かし続ける／
　　（4-3）災害が起きて気付く

⑸　災害報告書を作る・*162*

　　（5-1）目的に沿って作る／（5-2）事務的職場でも

⑹　災害統計の活用・*162*

⑺　熱中症の情報を活かす・*163*

⑻　職業性疾病の特徴・*163*

⑼　労災保険を使う・*163*

　　（9-1）労災保険の給付／（9-2）メリット制／
　　（9-3）健康保険は使えない／（9-4）付加補償

5．安全衛生計画を作る・*166*

⑴　計画の期間・*166*

　　（1-1）実現するための期間／（1-2）積み重ねる

⑵　計画の考え方を示す・*167*

⑶　計画を作る手順・*167*

(4) 計画を見直す・168

Ⅳ. 実効性を求めて

1. 事業場課題を考える・171
(1) メンタルヘルス・171
(2) ダイバーシティ・172
(3) 加齢・172
(4) ハラスメント・173
(5) 長時間労働（過重労働）・174

2. 安全活動について確認する・175
(1) 整理整頓・175
(2) 職場ミーティング・175
(3) タッチアンドコール、唱和・176
(4) 危険予知訓練（KYT）と危険予知（KY）・176
 （4-1）KYT／KYとは／（4-2）危険を予知するのか／
 （4-3）対象を広げて
(5) ヒヤリ・ハット報告・178
(6) 安全衛生改善活動（安全改善提案）・178
(7) 安全行動調査、性格診断など・179
(8) 指差呼称（指差喚呼、指差確認喚呼）・179
(9) 挨拶・180
(10) 会議・会合・180
(11) 安全衛生職場交流・180
(12) ネーミングと言葉遣い・181

3. 安全管理の考え方を再確認する・182
(1) 災害統計と労働災害発生確率・182
(2) 危険感受性と危険敢行性・183
(3) ヒューマンエラーと不安全行動・184

（3-1）便利な言葉／（3-2）不安全行動対策／
　　（3-3）環境による抑制／（3-4）監視する

⑷　事故・災害分析・186

⑸　チェックリスト・187

　　（5-1）あるべき姿を示す／（5-2）細かいメッシュ／
　　（5-3）チェックを繰り返す

⑹　PDCA・188

⑺　安全文化・189

　　（7-1）安全文化の定義／（7-2）4つの文化／
　　（7-3）企業文化の中に

⑻　スイスチーズモデル・191

⑼　報連相の方向・191

⑽　レジリエンスを鍛える・192

⑾　Safety Ⅰ & Safety Ⅱ・193

⑿　妥協しない指導・193

４．労働衛生上の問題について考える・195

⑴　考え方の基本・195

⑵　作業環境問題のポイント・195

　　（2-1）法規制の対象／（2-2）定期作業環境測定の結果／
　　（2-3）個人ばく露測定／（2-4）影響の範囲／
　　（2-5）総合的な負荷／（2-6）いわゆる３Ｋ作業／
　　（2-7）潜在している課題

５．健康管理について考える・198

⑴　健康の問題を見る向き・198

⑵　「健康経営」を考える・199

⑶　健康管理問題へのアプローチ・200

　　（3-1）継続的にケアする／（3-2）文化にする／（3-3）予防する

⑷　健康と確率・202

⑸　健康に掛かる費用・202

⑹　健康診断の意味・203

（6-1）健康診断を活かす／（6-2）自主的健康診断を活かす

(7) ストレスチェックを活かす・205

(8) 仕事と治療の両立・205

(9) 食中毒・206

(10) 始業時等の健康確認・206

(11) 個人情報としての理解・206

(12) 歯科の問題もある・207

6. 社外機関と連携する・209

(1) 安全衛生関係の機関・209

（1-1）関係機関を確認する／（1-2）関係機関を活用する

(2) 情報を得る・210

あとがき・212

●参考引用文献・215
●総括安全衛生管理者に中災防からお薦めする図書リスト・217

はじめに

　安全衛生管理というと、「ダメなところ」を見付けて対策を打つといったイメージがないでしょうか。これではあまり面白くないと筆者は考えます。面白さを求めて安全衛生管理に取り組むのではありませんが、「マイナス」の状態を「ゼロ」に戻すという視点だけでなく、安全衛生管理にも「プラス」の面を持たせたいと思います。安全衛生管理に取り組むことが、事業場にとっても、従業員にとっても、いい職場を作ることに繋がればと思っています。このためには、多様な視点を持って、的確で前向きな安全衛生管理をリードすることが必要です。本書では、総括安全衛生管理者が、事業運営の中でより的確に安全衛生管理をリードするための考え方をまとめたつもりです。面白いところまではむずかしいですが、取り組み甲斐のある安全衛生管理を目指したいと思います。

　総括安全衛生管理者は、従業員の命と健康に対して責任を担う立場です。言い換えると、事業場の安全衛生管理に責任を持つ立場ということですが、加えて、安全衛生管理という業務を事業に活かすという責任もあると考えます。たとえば、法令に従うことは当然ですが、単に法違反が無いようにしようとするのか、法令の規定を自社のマネジメントに活かそうとするのかによって、得られる成果は変わってきます。安全衛生管理を、消極的な面（ケガや病気を防ぐ、法違反が無いようにする）に留めておかずに、従業員のより前向きな姿勢を引き出し、事業の発展に結び付けたいものです。簡単なことではありませんが、企業として安全衛生管理に取り組む積極的な

意味を見出すことになります。

　安全衛生管理は合理的であってほしいと思います。事業場の業務、事業環境、従業員の状態など、安全衛生管理を取り巻く状況はさまざまで、それぞれの事業場の状況に合った取り組み方が必要です。安全衛生管理も、他の事業運営と同じで、戦略的な展望を持って将来像を描き、それをベースにしながらも状況に合わせて戦術的な発想で改善を積み重ねながら業務をすすめることが必要です。本書では、このような視点で、安全衛生管理を考えています。

　本書は、安全衛生管理のあるべき姿を示したものではありません。さまざまな制約がある状況の中で、安全衛生管理は「こうあるべきだ」と実施の方法を断定的に決めつけることはできません。本書に書いてあることに従うというよりも、ヒントを得てもらえればと思います。安全衛生管理の一般的な手法（テクニカルな対応）の詳細については、たくさんの出版物や情報があります。テクニカルな対応は、安全衛生部門が具体的に考えるはずですが、その対応を活かすためにどのように考えたらいいかを中心に記載したつもりです。マネジメントのあり方についても取り上げていますので、「自分とは考え方が違う」と違和感を覚える読者もいると思いますが、考える機会にしてもらえればと思います。

　総括安全衛生管理者は、事業場の安全衛生管理の要です。事業場にとっても、事業場で働く従業員にとっても、取り組むことに意義を感じられる安全衛生管理になるようにリードしていってもらいたいと思います。本書が参考になれば幸いです。

＜著者はこんな人＞

　安全衛生管理に関わり始めて40年以上が経ちました。この間、企業での安全衛生部門の経験が2つの事業所であわせて16年、本社で延べ18年になります。グループ会社2社の経営者も延べ5年半経験しました。

　入社後配属されたＡ事業所（1万人以上の社員のほかに、非常に多くの協力会社の人たちが働いていました）の安全衛生課に配属されて、衛生管理（作業環境管理を中心に）を担当することになりました。学生時代に安全衛生管理を専攻していた訳ではなく、意外な配属先でした。作業環境測定法の制定に伴う対応のためだったようです。従業員の健康状態のシミュレーションを行うなど、疾病予防にも関わるようになります。入社10年目からは安全管理も担当することになりました。労働災害の発生などを目の当たりにし、自分の責任として安全の問題を考え始めることになります。

　30歳代前半に本社に移り、全社の安全衛生管理を担当しました。作業環境対策への投資を企画した時などの経営者の判断から多くのことを学びました。経営的視点で健康管理の課題を整理して、会社の健康管理の流れを大きく変えることにも取り組みました。6年後にＢ事業所の安全衛生管理の責任者になりましたが、当該の事業場での経験の無い者が安全衛生管理の責任者になることは異例のことでした。他社でも聞いたことがありません。苦労もしましたが、貴重な経験もたくさんしました。全国の先駆けとなる安全体感教育は、この時期に企画したものです。出向して、臨床検査会社（社員約150名）の役員をしている時には、事業経営（商売）の重みを自らのものとして感じるとともに、経営における安全衛生管理の重要性を実感しま

した。

　全社の安全衛生管理の責任者として本社に戻り、さまざまな新たな視点での安全衛生管理施策に取り組みました。協力会社・関係会社支援の強化などは印象的です。安全、衛生、健康などの複合的な取り組みが経営として欠かせないことも実感しました。上司や同僚に支えられ、会社の安全衛生管理の考え方を大きく変えたと思っています。業界の国際組織の安全衛生委員を長く続けるなど、海外の会社からも多くのことを学ばせてもらいました。国内の業界団体の安全衛生活動にも長く関わりました。

　その後、教育と省エネ支援を主たる事業とする会社（社員約200名）の社長となり、前向きな気持ちを持った社員に充実した日々を支えられました。退任後、中災防の教育推進部に在籍した後、今は公益財団法人大原記念労働科学研究所特別研究員として執筆や講演をしています。

　情熱あふれる先輩や同僚、現場第一線の人たちに教えられ、支えられた安全衛生管理の経験でした。この間、社長、役員、事業所長、総括安全衛生管理者など数多くの人たちと接し、自分自身でも経営者を経験して、それぞれの立場が安全衛生管理に及ぼす影響を肌で感じてきました。

　安全衛生管理は、経営にとっても、働く人たちにとっても、価値の創造を支える大切なものです。人が関わるという面でも奥の深い分野ですし、経営の視点では戦略性のいる分野だとも思っています。

I

総括安全衛生
管理者として

1. 安全衛生管理を見る目

安全衛生管理は、従業員にとっては自分自身の命と健康に関わる問題ですが、総括安全衛生管理者にとってはどういった意味があるのでしょうか。この章では、事業場の安全衛生管理をどのように位置付け、総括安全衛生管理者としてどのようなことから取り組み始めたらいいのかについて、考え方の概略をまとめました。

(1) 遊離した安全衛生管理

安全衛生管理が事業場の他の管理から遊離していることはないでしょうか。安全衛生管理は、事業とは別次元の問題と考えている人も多いように感じます。安全衛生管理は、「価値を生み出す従業員」に関わる問題です。安全衛生管理を、「従業員がより高いレベルで価値を生み出す」ことに繋げる事業場のマネジメントと考えたいと思います。

安全衛生管理の話をしていると、どの会社のどの階層の人と話をしていても、似たような課題について話題になるような印象があります。重要な課題が、すべての人に共有されているということかもしれませんが、「流行」を感じることもあります。法令で定められたこと以外は、それぞれの事業場の判断です。他の管理と同じで実効の上がらないことに取り組んでも無駄です。的を射た安全衛生管理は事業場全体のマネジメントをいい方向に誘導するでしょうし、的外れな安全衛生管理は事業場全体のマネジメントにマイナスの影響を与えます。総括安全衛生管理者が、経験と立場を踏まえた上で、

1. 安全衛生管理を見る目　　19

安全衛生部門の知見等を参考にして、的を射た安全衛生管理を、事業運営の中で作り上げていくことになります。

(2) ネガティブな世界から脱して

　安全衛生管理にネガティブな印象を持っている人は少なくありません。事故・災害への対処や法違反などということに目が行ってしまうからでしょう。傍観者的に評論される対象になることもあります。安全衛生管理に合理性が感じられていないからかもしれません。

　筆者は、安全衛生管理は従業員の前向きな気持ちを引き出して事業を発展させていくことに繋がると考えています。健康管理を含めた安全衛生管理は、いろいろな意味で事業を円滑に営む原動力になります。日本の安全衛生管理は暗い印象が強すぎると思います。従業員の命と健康に関わるという意味で真摯に取り組まなければいけないということは前提ですが、加えて、明るく前向きな取り組みでありたいと思います。

(3) 最初に取り組む

(3-1) 立場で気付く

　総括安全衛生管理者になる人の多くは、事業場での経験も豊富で安全衛生上の事業場の課題についても把握しているかもしれませんが、改めて、安全衛生部門に事業場の課題を整理して報告させるようにしてください。総括安全衛生管理者という立場で報告を聞くと新たな気付きがあるはずです。オープンになっていない課題があるかもしれません。安全衛生部門には、事業場としての足元の課題と対応案、今後発生するかもしれない問題と対応案についての整理を

求めてください。だからと言って、すぐにすべての課題に対して対応の方針を示す必要はないと思います。疑問に思う点などを伝え、更なる整理（調査）と報告を求めることになります。このような課題は、前任者から引き継ぐ課題ということでもあるはずですから、実態を見極めて、じっくり戦略・戦術を考えて対応の方針を示しても遅くないことが多いはずです。

（3-2）方向性を示す

　総括安全衛生管理者として安全衛生管理を統括することになって最初にすべきことは、前述した実態の掌握と安全衛生管理に対する事業場全体の取り組み方向を示すことでしょう。事業場の安全衛生管理には、その到達点は別にして、長い歴史があり、いろいろな取り組みが積み重ねられて現在のレベルに至っているはずです。成果が見えない取り組みも続けているかもしれません。そして、これらの状態の背景にある事業場の風土や事業場運営の考え方があり、管理監督者を含めた従業員の考え方があります。

　このようなことを踏まえて、総括安全衛生管理者としての考えを示すことになります。就任日に示したり、最初の安全衛生委員会の場などで示すケースが多いようです。全国安全週間などの節目に新たな方針を示すこともできます。一般的には、前任者の方針を引き継いでスタートを切り、次年度から新たな方針を示すことになります。前任者からの方針をそのまま踏襲することが適当な場合も多いと思います。事業場の安全衛生方針は、総括安全衛生管理者が替わるごとに変わってしまっては、従業員が戸惑うことになりかねません。余程気になることがない限り、とりあえず前任者を引き継ぐことが現実的です。安全衛生管理の状態は、方針を示したからと言ってすぐに変わるものではありませんので、急ぐ必要はないと思います。

1. 安全衛生管理を見る目　*21*

（4） 気を付けたい

（4-1） メッセージ性を活かす

　早急に対応すべき事態・喫緊の課題がある場合を除き、「何かしなければならない」と考えて、「思い付き」で安全衛生管理の取り組みを指示することはリスキーです。強力な権限を持った人に対してほど、部下は見掛け上従順に従うことになりがちです。目先の成果を目指した取り組みは、「後戻り」してしまうことがよくあります。安全衛生管理について言えば、的外れな指示に対して、従業員が「自分たちのことを考えた安全衛生管理ではなく、上司が自分の評価を得るためにやっていること」と受け止めることになれば、安全衛生管理の形骸化を生みます。展望を持って安全衛生水準を上げていくことこそが、権限のある職制に求められていることです。「すぐに対応すべき大きな課題がない」と考える場合は、安全衛生管理の持つメッセージ性を活かして、より高いレベルで事業場を活性化するために何をすべきかをよく考えてから、取り組みを指示することを勧めます。

　指示に忠実なことは、指示する側からすると「いい状態」のように見えますが、一方で、指示される側の安全意識の劣化に繋がっている可能性もありますので注意が必要です。

（4-2） 時間が掛かる

　安全衛生管理はとてもむずかしい面があります。ハード面は改善すればその成果は確実に上がりますが、従業員の判断や行動に関わる面を変えることは容易ではありません。いい状態であれば、それを継続していくということですが、課題があれば変えていくことに

なります。ただし、時間が掛かります。大きな声で指示をすれば、その時はいい状態になったと感じるかもしれませんが、大きな声が聞こえなくなると後戻りすることも少なくありません。従業員が「指示されたことに従う心地よさ」を感じられるようにすることを積み重ねることで、事業場は変わっていきます。たとえ厳しい指示であっても、その指示の原点が自分たち（従業員）の将来に繋がると思えるようにすることが必要です。いずれにしろ、ハード面の改善にも、従業員の判断や行動に関することでも、時間が掛かることが少なくないことを前提に取り組みを考えることが必要です。

(4-3) 経験を活かす

　過去を振り返り、事業場としての経験と総括安全衛生管理者自身の経験を活かすことが安全衛生管理でも大切なことは言うまでもありません。ただし、成功体験であれば、その時に得られた成果が継続しているかについても考えてみることが必要です。成功体験が一時的なものだったとしたら、継続した成果に結び付いていない理由を考えて、その教訓を活かすようにすることが大切です。

(4-4) 優秀な人材の視点

　総括安全衛生管理者は、選ばれた優秀な人です。優秀な人は「他の人も自分と同じようにできる」と思いがちですが、必ずしもそうではありません。厳しく叱りつければ、思うようになると思うのは勘違いです。厳しさがパワハラになって各階層に広がっていく可能性すらあります。本書に記載していることも参考にして、従業員の状態や持っている力を見つめ、将来を展望して、事業場の安全衛生管理をどのようにするのか、どのようにすればより良くしていけるのか見極めることから始めることを勧めます。じっくり見て、じっ

1. 安全衛生管理を見る目　　23

くり聞いて、判断することが大切です。

(4-5) 指示を出す

　安全衛生管理に関しても、指示が曖昧だと部下が戸惑います。ただし、曖昧な（工夫の余地のある）指示の方が、受け入れられやすいこともあります。何でも細部のことまで指示を出すということにはなりませんし、指示を受けた人たち（安全衛生関係者や現場第一線の人たち）が工夫する余地がないと、形式的な取り組みに終わってしまう可能性があります。言われたことだけやるという職場であれば、細かい指示が必要ですが、前向きな職場風土があるところでは工夫する余地があった方がよいということになります。どのように指示し、総括安全衛生管理者として意図することを実現していくのか、展望を持って、総括安全衛生管理者としての仕事を始めてください。

(4-6) 権限の発動

　日常的な安全衛生管理は、安全衛生部門に任せておけばいいことも多いのですが、総括安全衛生管理者自身が前面に立って発動しなければならないこともあります。大きな事故や社会的に注目される事態などへの対応が代表的です。

　発動しなかった場合は「発動しておけばよかった」と振り返って思うこともありますし、逆に発動した場合は「発動しなければよかった」となることもあります。判断の基準を人命に置けば、過剰な対応となっても、その判断について悔やむことはありませんし、理解が得られるということだと思います。信頼を向上させることにも繋がります。人命を優先しなかった場合は、その判断について的確性が問われ、長く禍根を残すことになることが多くなります。人命に

関わることについては、命を最優先にするという「人としての普通の判断」をすることになります。事業を統括する立場にいると大きな権限がある一方、影響力は時間的にも空間的にも大きくなります。

（4-7）現場に関心を持つ

　忙しいと思いますが、安全衛生管理の面でも、事業を統括する立場でも、現場に出向き、現場の様子を肌で感じ、従業員に声を掛けることは、極めて重要です。指導するとか気の利いた話をしなくても現場第一線（事務所も）の状態に関心を持っていることを示すことが大切です。「指示したり判断したりしなければならない」と考えがちですが、求められた時に応じればいいですし、保留することもできます。現場に出て、現場の声を聞くことと雰囲気を感じることを通して、事業を安全に円滑にすすめるためのヒントがたくさん見えてくるはずです。

　大きな事業場では、現場第一線の一人ひとりの従業員の仕事についてすべて熟知して、安全な作業方法などを指示することはむずかしいでしょう。指導するとしても「判断の仕方」「判断の考え方」ということが多いと思います。現場に行って、大切なことは、指示することよりも聞くことです。現場第一線の従業員も、総括安全衛生管理者が自分たちの仕事と安全のことに関心を持ち、真摯に対応しようとしてくれていると感じれば、仕事の仕方をより前向きに考えることに繋がるでしょう。

　現場に行く時には必ずハンドベルを鳴らしながら行くという某社の事業所長もいましたし、現場では第一線の人たちと握手をするようにしていた総括安全衛生管理者もいました。このようなやり方がいいのかどうか分かりませんが、現場に出向いて現場の実態を直視する姿勢を持つことが、現場第一線の安全と健康にとって重要であ

1. 安全衛生管理を見る目　　25

ることは間違いありません。

(4-8) 信頼して

どのような場面でも、「従業員の安全と健康を最優先」ということが伝わる発言をしましょう。もし「安全と健康を最優先にせよなどといったら、仕事をしなくなる」などと思う気持ちがあれば、部下（第一線の従業員）を信じていない、信じられないという状態だということでしょう。いい仕事をしようと思っている従業員は、事業場の責任者が「安全と健康を最優先」と言ってくれることに対して、前向きな仕事と安全な作業で応えてくれるはずです。相互の信頼関係ということもできます。

(4-9) 展望を示す

安全衛生面での投資ができない場合、どうするのでしょうか。「予算がないから」というのは担当者の言うことです。不必要な投資をする必要はありませんが、投資が欠かせないこともあります。ただし、必要な投資がすぐにできないこともあります。「今年度（来年度）は、会社の状況を考えると予算を取ることはできないが、近いうちに必ず実施しよう。それまでの間は、現場に負担を掛けるが、ルールを守り安全に仕事をしてもらいたい」ということを伝えるなど、先々に展望が持てる判断を示したいものです。

(4-10) 発言の重み

安全衛生管理をすすめる時に使う言葉は、立場を考え、その影響が及ぶ従業員のことを考えて選ぶことが大切です。トップの言葉は、繰り返し引用されたり、尾ひれが付いたりすることがあります。印象を固定化させることもあり、特に悪い印象が固定してしまうと、

これを払しょくするには時間が掛かります。日頃から慎重に言葉を選ぶように心がけることが大切です。総括安全衛生管理者の発言は、重いということです。

　事業場で勤務を始めてから総括安全衛生管理者になる以前に、上司である総括安全衛生管理者の話を聞いたことがあると思いますが、その時に総括安全衛生管理者の発言をどのように受け止めていたでしょうか。その受け止め方と、現場第一線の従業員・監督者の受け止め方は違う可能性が高いということも頭に入れておいてください。立場・責任・将来への展望などによって受け止め方は変わります。

(4-11) メッセージとして

　総括安全衛生管理者の発言、事業場の安全衛生管理に関する施策などは、従業員に対するメッセージでもあり、事業場が従業員のことをどのように考えているかが伝わっていきます。

　同じ施策を実施するのでも、その提示の仕方によって受け止め方が変わります。たとえば、法改正があって定期健康診断の項目を追加する時に「法改正があったから」と言うのか、「みなさんの健康管理を充実させるため」と言うのかによって、受け止め方が変わることは明らかです。

(4-12) パフォーマンスを上げる

　同じコスト（労力）を掛けるのであれば、無駄を無くしてパフォーマンスを上げたいものです。表面的な取り組みは無駄です。取り組み始めてから不適切な点に気付いたら柔軟に変更することも無駄を無くします。一方、直接的な成果が得られなくても、従業員の判断と行動を支える風土・文化を作っていくために必要な取り組みもあ

1. 安全衛生管理を見る目　27

ります。この場合の取り組みに必要な視点は、納得感だと考えます。

　また、足元では負担が大きくても、次のステップでの安全を確保し、コストを下げるという視点もあります。たとえば、トラブル処理作業で徹底した安全な作業を指示したために、処理時間が伸びたとします。その時の負担は大きくなりますが、トラブルが発生しないようにする対策の検討を後押ししますし、もし次のトラブルが発生しても安全に効率的に処理作業を行う工夫に繋がります。ハード面の安全衛生対策もこれに該当します。ハード面の対策もその投資が最大限に活かされるように検討するという姿勢が必要なことは言うまでもありません。安全衛生管理も他の業務も基本は同じです。

（5）　そもそも総括安全衛生管理者とは

（5-1）制度創設時の期待

　総括安全衛生管理者は、労働安全衛生法に基づいて事業者が選任した管理者で、労働基準監督署長に対して選任報告を提出します。「総括安全衛生管理者」は法定の用語で、その位置付けは第一義的には労働安全衛生法で規定されているということです。

　「安全衛生管理が企業の生産ラインと一体運営されることを期待し」（昭和47年9月18日基発91号（労働安全衛生法施行に当たっての労働省労働基準局長からの行政通達））、「事業の実施を統括管理する者をもって充てなければならない」（労働安全衛生法10条）ことになっています。「労働災害を防止する責任は、本来事業者にあり、その自主的活動が期待される・・・が、必ずしも十分でない。したがって・・・、その事業を統括管理する者を総括安全衛生管理者として選任させて、安全管理者または衛生管理者を指揮させるとともに、・・・定められた業務を責任をもって取りまとめさせること

した」（昭和47年基発91号）ということが、労働安全衛生法での総括安全衛生管理者の選任目的です。制度創設時以降、総括安全衛生管理者への期待は変わっていません。

（5-2）責任を持つ範囲

　総括安全衛生管理者の職務等は法令で規定されています（細部は後述します）が、労働安全衛生法上の安全衛生管理責任はあくまでも事業者で、総括安全衛生管理者は、事業者から安全衛生管理を委ねられている人ということです。法令で規定された総括安全衛生管理者の職務は、「事業者に対して責任を担う」という位置付けになります。実務的には、業務を担当する従業員（安全衛生管理者、管理監督者など）が必要な安全衛生管理を行うように統括管理することが中心だと考えてもいいでしょう。

　なお、建設業等で特定元方事業者として事業を行う時に「統括安全衛生責任者」の選任が義務付けられています。総括安全衛生管理者と名称は似ていますが、位置付けが違いますので混乱のないようにしてください。

（5-3）安全衛生法だけではなく

　石油コンビナート等災害防止法では、特定事業者が設ける自衛防災組織は、総括安全衛生管理者が「行うべき業務又は職務の遂行に協力しなければならない」とも規定されています。労働災害防止に関わる防災上の対応についても、事業場内関係者が連携して取り組むべきことを規定していることになります。

　また、以上のことは労働安全衛生法関連での位置付けであって、事業を統括管理する者として、不適切な管理が従業員（労働者）の労働災害に結び付いた場合には、事業場（会社）関係者の刑法上（加

1. 安全衛生管理を見る目　29

害／被害の関係がある場合など）・民法上の責任などが問われる可能性があることは忘れてはいけません。

（5-4）総括安全衛生管理者にしかできないこと

　総括安全衛生管理者でなければできないことがあります。一つ目は「安全と健康を重んじる判断ができる事業場風土をつくること」、もう一つは「設備や機器の安全性を高めるために投資する（お金を使う）という決断をすること」です。安全衛生部門を指揮したり、個々の安全衛生管理の施策について指導したりすることが必要なケースはありますが、突き詰めて言えば、総括安全衛生管理者自身が実施すべきことは、この二つに絞られるのだと筆者は考えます。

　安全衛生管理に限りませんが、組織の中では、自分の権限（裁量）の範囲内で発想することが多くなります。言い換えると、権限を超えて組織全体を動かすような発想はなかなか生まれてこない面があります。総括安全衛生管理者という、広い視野・高い視点を持って、大きな権限を発揮し得る立場で、事業場全体の安全衛生管理を考えることになります。

2. 何を求めて

事業場として、何を求めて安全衛生管理に取り組んでいるのでしょうか。真正面から考えたことはあるでしょうか。考え方は、さまざまあると思いますが、安全衛生管理に取り組む意義をどのように考えるかによって、取り組み方も変われば、得られる成果に対する見方も変わります。この章では、安全衛生管理に取り組む視点を取り上げます。

(1) どこを向いて

総括安全衛生管理者は、どこを向いて安全衛生管理を考えるのでしょう。上司・経営者でしょうか。ある意味で当然のことですが、一方で、事業場の日々の安全衛生管理のためには、従業員に目を向けなければうまくいきません。従業員という一人ひとり個性のある存在と、その担っている仕事、仕事をする環境（職場環境、生活環境、社会環境）を直視することが必要です。

最も望ましいのは、言うまでもなく、一人ひとりの従業員が安全に健康に仕事に取り組んで経営に貢献することです。このようなマネジメントを、総括安全衛生管理者の仕事の原点として思い描いておいてください。「言われなくても分かっている」と思う人がいるかもしれませんが、もう一度確認しておいて欲しいと思います。

2. 何を求めて　*31*

⑵ 法令順守（コンプライアンス）のため？

（2-1）法令に規定されているから

　考える余地のないこととして、法令で規定されているから安全衛生管理に取り組むということが挙げられます。日本は法治国家ですので、経営として法令を順守することは事業を行う前提ですし、リスクマネジメントの一環としてコンプライアンスに取り組むことは当然です。

　一方、従業員の方から見ると法令順守はどのように見えるでしょうか。法令順守を重要事項と位置付けていることは、社会的に信頼のおける会社に勤めており、自分たちが守られているという安心感に繋がると思います。しかし、法令順守を強調し過ぎると、会社は「法令があるから」安全衛生管理に取り組んでいるのであって、自分たちのために取り組んでいるのではないと聞こえてしまうことになりかねません。

（2-2）求めていることは何か

　「法令順守を基本にして、従業員が安全にいい仕事をしてもらうために安全衛生管理に力を入れている」という姿勢を事業場として常に示す（メッセージとして伝わる）ようにすることが大切です。前述しましたが、法改正があって、事業場としての取り組みを改正内容を踏まえて変更する場合であっても、「法が変わったから、やむなく変更する」のではなく、「法改正に合わせて、事業場の安全衛生管理を充実させる」という考え方を示す方が、従業員にとっては会社の姿勢を前向きに受け止めることに繋がるでしょう。

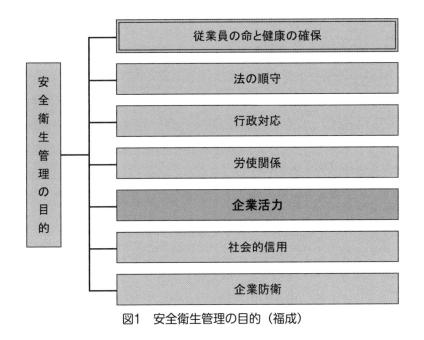

図1 安全衛生管理の目的（福成）

(3) リスクマネジメントとして

(3-1) 経営の責任

　リスクマネジメントは、経営の中で大きなウェイトを占めます。会計上に現れてくる問題もありますが、そうでなくても、社会的信用を損なうことになれば、経営者の責任が問われることがあります。経営者の責任が問われるだけでなく、従業員、地域住民、取引先、そして投資家（株主等）からの信用を失い、事業運営への影響が出てくる可能性もあります。リスクマネジメントのために安全衛生管理をするということではありませんが、リスクマネジメントの視点は極めて重要です。

(3-2) 投資の指標

　会社（事業場）の安全衛生管理は投資判断の目安にもなります。分かりやすい例としては、大きな事故などが発生して復旧に長期間を要するとか、多額の損害賠償責任を負うことになれば、直接会社の損益に影響し、株価に影響すること（株が売られるなど）が挙げられます。このような事故や事件によって生じる短期的な問題だけでなく、中長期的投資判断という視点も持っておきたいと思います。従業員が意欲的に業務に取り組む環境の整備などを、事業の安定的な収益の基盤と位置付ける長期的投資の指標（企業価値の評価）があります。以前からSRI（Social Responsible Investment、社会的責任投資）が注目されていましたし、最近ではESG（Environment Social Governance、環境・社会・ガバナンス（企業統治））投資が話題になっています。金融サービス会社が評価の指標（インデックス）を設けて、企業を評価（適切な管理が行われているかの客観的評価、経営者との面談（企業との対話）などを通し評価）して、安定的な投資先を選定します。このような評価の中にリスクマネジメントも含まれています。安全衛生管理はこのような面からも注目されていることを知って、事業場の安全衛生管理に取り組むことになります。

(3-3) 二つの視点

　リスクマネジメントの中で安全衛生管理に関わる主なものは、法令順守、災害の頻発、重篤な災害、職業性疾病の発生、健康管理・メンタルヘルスケア、関連訴訟などです。特に重要なことは、大きく分けて二点です。一つは、未然防止に関することで、安全衛生管理上の問題が発生しないように、必要な対策を実施することです。重篤な労働災害の発生、労働災害の頻発、関連する事項としての大

きな事故（爆発、危険有害物の大量漏えい、崩壊等）、過重労働や過大なストレス問題などが社会的に注目を集め、経営に対する不信を招くことになります。抜本的な対策は、すぐに実施できないこともありますが、着実に計画的に改善をすすめていくことが必要です。ただし、法令に違反することや産業界の標準レベルから見て、著しく遅れている状態のまま放置されているようなことがあれば、すぐに対応しなければなりません。もう一点は、隠ぺいを含めて、発生した事態に対する不誠実な対応です。会社（経営）の評価を下げないためにと思っての言動が、結果として社会から指弾されるようなことがあってはいけません。万が一、大きな事件や事故が発生してしまった時には、内向きではなく、社会を向いて誠実に対応することが必要です。

　なお、事業場の安全衛生管理水準は、一般の人や投資家、取引先など社外の人には、分かりにくいものです。客観的な評価という意味では、OSHMS（別項で詳述します）の認定や認証が指標になることもあります。

(3-4) BCPとしても

　リスクマネジメントの観点で、自然災害を想定してのBCP（Business Continuity Plan；事業継続計画）が策定されていると思いますが、健康管理を含む安全衛生管理の視点が入っているか、総括安全衛生管理者の視点で確認しておいてください。災害が短時間で発生する地震・津波などと新型インフルエンザのようなパンデミックへの対応は、異なる面がありますので、この点も注意が必要です。

2. 何を求めて　35

⑷　従業員と会社にとっての意味

（4-1）豊かな人生
　安心していい仕事ができるような状態でなければ、従業員の前向きな気持ちを引き出すことはむずかしいでしょう。働くということは、従業員にとっては、生活を豊かにするということですし、できれば、充実した人生を送ることに繋げたいということです。そのような人生を豊かにするための場所で、ケガをしたり病気になってしまっては、元も子もありません。矛盾です。的確な安全衛生管理は、従業員の会社に対する信頼に結び付き、「いい仕事」に繋がっていくでしょう。理想的には、安心して本来の仕事に集中できるようにするということになります。
　的確な安全衛生管理は業績の向上に繋がるという人がいますが、結果であって求めるものではありません。一方で、たとえば、ケガや病気がしばしば起きる中で、好業績が続くとか、品質管理のレベルだけが高いということは期待できません。

安全衛生管理は矛盾を無くす取り組みでもある（福成）

企業が事業を営み、人が働く
⇩
豊かになるために
⇩
豊かになる営みの中でのケガや病気は矛盾
⇩
矛盾は解消しなければならない

(4-2) 価値を生み出す

　少し理屈っぽくなりますが、会社が事業を営むということは、価値を生み出すということです。この価値は、会社という事業主体にとっての価値だけでなく、すべてのステークホルダーや社会にとっての価値です。価値の創造は、その過程で自然に存在するものに負荷を掛けることになり、人にも負荷が掛かります。働くということです。この負荷は回復できないものであっては、価値の創造と矛盾します。人への負荷を回復可能な状態に維持することが、安全衛生管理のもっとも基本的な意義です。

(5) 好循環を求めて

　繰り返しになりますが、「責任を果たす」ということに加えて、従業員の前向きな気持ちを引き出し、事業を円滑に営み、業績を上げる上での安全衛生管理という視点が必要です。安全衛生関係の法令がなければ、安全衛生管理は「どうでもいい」ということにはな

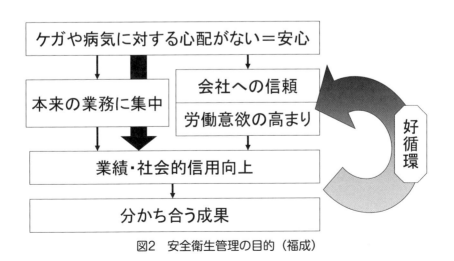

図2　安全衛生管理の目的（福成）

らないはずです。法令の規定に関わらず安全衛生管理は欠かせない
ということになります。

　総括安全衛生管理者として、事業を統括する立場で安全衛生管理
を考えてみてください。

3. 法令が求めること

総括安全衛生管理者は、労働安全衛生法の規定に基づいて選任され、労働安全衛生法等に規定された役割を果たすことが期待されています。この章では、労働安全衛生法における総括安全衛生管理者の職務と強制法規として労働安全衛生法について概観します。

(1) 総括安全衛生管理者の職務

(1-1) 規定されている職務

前述のとおり、事業者は、総括安全衛生管理者を選任し、所轄労働基準監督署長に選任報告を提出しなければなりません。総括安全衛生管理者は、規定された職務を遂行することが期待されて選任されることになります。

総括安全衛生管理者として法令で求められている職務を表1に抜き出してみました。事業者が総括安全衛生管理者を選任し、指揮や管理をさせなければならないとなっています。総括安全衛生管理者自身は、事業者の責任を実質的に実行する立場にあると読み取れます。

職務は、大きく分ければ二つで、「安全管理者、衛生管理者等の指揮」と「事業場の安全衛生管理の統括」ということになります。後者については、個々の規定に沿った職務を行うというより、健康管理を含めた安全衛生管理全般に関するものだと理解しておくことで十分でしょう。

3. 法令が求めること　39

表1　法令に規定された職務（安衛法10条、安衛則3条の2）

　　事業者は…総括安全衛生管理者を選任し、その者に<u>安全管理者、衛生管理者又は第二十五条の二第二項の規定により技術的事項を管理する者（＊1）の指揮</u>をさせるとともに、<u>次の業務を統括管理</u>させなければならない。

1. 労働者の危険又は健康障害を防止するための措置に関すること。
2. 労働者の安全又は衛生のための教育の実施に関すること。
3. 健康診断の実施その他健康の保持増進のための措置（＊2）に関すること。
4. 労働災害の原因の調査及び再発防止対策に関すること。
5. 安全衛生に関する方針の表明に関すること。
6. 法第二十八条の二第一項又は第五十七条の三第一項及び第二項の危険性又は有害性等の調査及びその結果に基づき講ずる措置（＊3）に関すること。
7. 安全衛生に関する計画の作成、実施、評価及び改善に関すること。

＜筆者注記＞

＊1　一定のずい道等の建設の仕事と圧気工法による作業で選任が求められている救護に関する技術的事項を管理する者

＊2　健康診断の結果に基づく事後措置、作業環境の維持管理、作業の管理および健康教育、健康相談その他労働者の健康の保持増進を図るため必要な措置が含まれる（通達）

＊3　いわゆるリスクアセスメント

（1-2）勧告を受ける

　産業医からの勧告を受ける立場にもあります。産業医がその職務（労働者の健康確保に関する職務等）に関して「総括安全衛生管理者に対して勧告…できる」（労働安全衛生規則14条）とされていることを受けて、産業医からの勧告を受ける立場になります。なお、「産業医は、労働者の健康を確保するため必要があると認めるときは、事業者に対し、労働者の健康管理等について必要な勧告をすることができる」（労働安全衛生法13条）とされており、事業者はこの「勧告を尊重しなければならない」ともされています。産業歯科医師に関しても同様の規定があります。

（1-3）議長として

　また、総括安全衛生管理者は、原則として安全衛生委員会（安全委員会、衛生委員会）の委員となり、議長になります（労働安全衛生法17～19条）。条文では、総括安全衛生管理者以外の者で当該事業場においてその事業の実施を統括管理する者、もしくはこれに準ずる者のうちから事業者が指名した者を委員としても構わないことになっていますが、これは総括安全衛生管理者の選任義務のない事業場に関する規定です。

⑵　代行者を置く

　法令では、「事業者は、…やむを得ない事由によって職務を行うことができないときは、代理者を選任しなければならない」と規定されています。不在の都度、代理者を決めるのではなく予め決めておく方がよいでしょう。
　この代理者とは別に、日常的な職務に関して職務代行者を決めて

3. 法令が求めること　41

おくという考え方もあります。大規模な事業場などでは、事業所長等のトップが日常的な管理の細かいところまで関与することは実質的に困難ですし、関与することにするとかえって円滑な事業運営ができないということにもなります。安全衛生管理についても、事業場の他の業務と同様に、職制（役職）で日常的な業務をすすめることができるようにしておくことが合理的です。

　もちろん、職務代行者は責任を持って事業場の安全衛生管理をすすめるとともに、あくまでも代行者として、総括安全衛生管理者に必要な報告をしたり、判断を仰いだりすることになります。他の業務と同じです。当然、最終的な事業場の安全衛生管理者としての責任は事業所長（総括安全衛生管理者）が負うことになります。

(3)　事業者は、…なければならない

(3-1)　義務と努力義務

　労働安全衛生法（安衛法）や関係法令の条文の多くは、事業場の安全衛生管理の実施について、「事業者は、…・なければならない」という表現で規定しています。「事業者は、…努めなければならない。」のように努力義務として規定されている条文もあります。前者のような条文には、原則として罰則が付されています。努力義務の場合は、法令上は「努力すればいい」のですが、特別の事業がない限り安全衛生管理の上で必要なことが規定されており、事業場として取り組むべきことだと考えてください。

(3-2)　罰則の適用

　罰則は、事業場の安全衛生管理に関しては「…行為者を罰するほか、その法人又は人に対しても、各本条の罰金刑を科する。」（労

働安全衛生法122条）と規定されており、いわゆる両罰規定が適用されます。事業者または事業者に代わって（実質的に事業者責任を果たす）管理監督者などが行為者として罰則の対象になるだけでなく、組織（会社）も罰則の適用対象になるという意味です。ただし、労働安全衛生法等に違反したからといってすぐに罰則が適用されるのではなく、他の刑事法と同じで、可罰的違法性（罰則を適用するべき違法行為と判断される）の判断の下に司法警察職員（労働基準監督官は、特別司法警察職員）の捜査を経て送検（書類送致）され、起訴されて裁判所の判断が下されて適用される（略式手続による略式命令を含め）という司法手続きの下で罰則の適用（司法処分）が決まります。違法な状態に起因して重篤な労働災害が発生した場合などや悪意のある違法行為（たとえば、報告書等への虚偽記載など）が行われた場合に送検されることが多く、慣例として、送検されるタイミングで、プレス発表されるとともに、「労働基準関係法令違反に係る公表事案」（厚生労働省ホームページで確認可能）として公表されるようです。

(4) 命令・勧告・指導など

(4-1) 行政処分

　労働安全衛生法などの違反がある場合は、行政手続きとして、労働基準監督官等による使用停止命令等や是正勧告が出される（行政処分）ことになります。司法処分と行政処分は、それぞれ独立して行われます。可罰的違法性に至らない場合は、行政処分だけが行われることになります。ただし、命令とか勧告に従わない場合は、司法処分の対象になることがあります。

　「都道府県労働局長又は労働基準監督署長は、（中略）、作業の全

3. 法令が求めること　43

部又は一部の停止、建設物等の全部又は一部の使用の停止又は変更その他労働災害を防止するため必要な事項を命ずることができる」（労働安全衛生法98条）と定められています。いわゆる使用停止命令等と言われている処分です。この命令には、改善（法令の規定に適合する状態にする）まで作業や設備などの停止を求める場合（一般的に設備の場合は「使用停止命令」と言われている）と、期限を決めて改善を求める場合（一般的には「変更命令」と言われている）があります。これらの命令は、必要な場合は労働基準監督官が即時に権限を行使することもできます。適用の対象者は、「事業者、注文者、機械等貸与者又は建築物貸与者」になります。併せて、「必要な事項を労働者、請負人又は建築物の貸与を受けている者に命ずる」こともできると規定されています。

(4-2) 是正勧告と指導

　管理面での労働安全衛生法等の法令違反に対しては、是正勧告が出され、事業者に法順守を求めるという手続きが取られることになります。是正期限も提示されることになります。前述した命令と同じく、請負契約の注文者なども対象になります。いずれも、文書で事業者などに対して出されます。

　さらに、労働災害の再発防止のために都道府県労働局長が必要と判断した場合に、当該事業場の総括安全衛生管理者、安全管理者、衛生管理者等の講習受講を指示されることがあります。

　労働安全衛生法には、安全衛生管理の改善が必要な事業場に対する行政機関の指示に関する規定もあります。重大な労働災害を繰り返す企業に対して、厚生労働大臣が「特別安全衛生改善計画」の作成を指示することができるという規定（労働安全衛生法78条）があり、計画作成指示に従わない場合、計画を守っていない場合など

44

に、大臣が勧告し、勧告に従わない場合はその旨を公表することができることになっています。さらに、都道府県労働局長は、事業場の労働災害の防止を図るため総合的な改善措置を講ずる必要があると判断した時に、事業者に対し、当該事業場の安全又は衛生に関する改善計画（安全衛生改善計画）を作成すべきことを指示することができる（労働安全衛生法79条）ことになっています。「安全管理特別指導事業場」「衛生管理特別指導事業場」制度と言われ、「安特」とか「衛特」などと略称で呼ばれることもあります。

　これらの法令違反に対する対応の他、労働基準監督官や産業安全専門官・労働衛生専門官が、従業員（労働者）の安全と健康の確保のために安全衛生面での改善を事業者等に対して指導することがあります。これは、明確な法違反がない場合で、指導票という文書で出されることが多いようです。

3. 法令が求めること　　45

4. 歴史と先人の発想を知る

　労働安全衛生管理の歴史を大まかに振り返ってみたいと思います。現在の事業場の安全衛生管理は、過去の歴史の上にあり、安全衛生水準は、長い目で見れば一歩一歩と向上してきています。そして、この到達点をベースに、それぞれの事業場でこの水準を更に高めていくことになります。

(1) 「労働」の始まりとともに

　人の安全と健康に関わる問題は、人類が誕生してからの課題で、労働安全衛生面の問題は、「労働」が始まった時から、言い換えると、使用者と被使用者（労働者）の関係ができた時に始まったということになります。

　労働安全（以下、安全と略記します）の問題は、時代の進展（社会的ニーズや科学技術の進歩など）とともに、その問題は多様になり、日本の死傷災害は1960年代をピークに長期的には減少してきています。

　労働衛生（ここでは、職業性疾病などに関わることを指します）の問題も安全と概ね同じですが、化学物質に起因する問題など新たな問題も発生しています。過去に発生した職業性疾病の代表例を表2に整理してみました。現在も課題が残っているケースもあります。

表2 過去に発生した職業性疾病の代表例

時代	よく知られている職業性疾病／通称〔主たる原因〕
奈良	足痛〔床に座っての写経〕
	水銀中毒〔大仏建立時の鍍金に水銀合金使用〕
江戸	煙毒〔金山、銀山などでの精錬時の有害物ばく露〕
	よろけ〔鉱山、じん肺などの通称〕
明治	珪肺・じん肺〔鉱山〕
	綿肺〔綿繊維による肺障害〕
	肺結核〔劣悪な環境下での長時間労働〕
昭和	ベンゼン中毒〔家内労働でのサンダル製造〕
	鉛中毒〔はんだ付け作業など〕
	白ろう病〔林業でのチェーンソー使用〕
	鼻中隔穿孔〔クロム酸（6価クロム）の製造など〕
	一酸化炭素中毒〔炭鉱爆発〕
	頸肩腕症候群〔キーパンチャー業務〕
	膀胱がん〔ベンジジン、βナフチルアミンなどの取り扱い〕
平成	中皮腫・肺がん〔石綿の取り扱い〕
	放射線障害〔ウラン溶液取り扱い時の臨界事故〕
	胆管がん〔1,2－ジクロロプロパンなどを用いた印刷機洗浄〕

　労働安全衛生の問題は、100年以上前（考え方によっては1,000年以上前）からの課題で、その課題に今も取り組み続けているということです。事業場単位で見ても、日本全体で見ても、次の世代によりよい状態を引き継いでいくことが必要です。

(2)　安全衛生関係法令の変遷

　明治36年（1903年）に農商務省によって刊行された「職工事情」（工場労働者のおかれた状態を業種ごとに調査した報告資料）に職工へのヒヤリングの記録があります。「紡績工場は相当の危害予防

の設備あるも、鉄工のごときはその予防なく、かつまた、職工がケガをなすも給与を与えざる…職工相互の救済をなすにとどまる」などと記されています。当時の産業界の安全衛生管理は、主要産業であった紡績業等は別にして、多くの企業では、いわゆる「ケガと弁当は自分持ち」といった状態にあったことがうかがわれます。

明治44年（1911年）に工場法が制定（大正5年（1916年）施行）され、規模の大きな工場や危険有害業務のある工場を対象にして、年少者や女子の保護（労働時間制限など）が規定され、昭和4年（1929年）には工場危害予防及衛生規則が施行されます。現在から見れば、十分なものでないことは当然です。

第二次大戦後の昭和22年（1947年）に憲法の規定を受けて、労働基準法が制定されます。「労働条件は、労働者が人たるに値する生活を営むための必要を充たすべきものでなければならない」「この法律で定める労働条件の基準は最低のもの…、その向上を図るように努めなければならない」「労働条件は、労働者と使用者が、対等の立場において決定すべきものである」と総則で規定され、本文に「安全及び衛生」の章が設けられ、追って労働安全衛生規則（省令）が制定されました。その基本的考え方は、現在に引き継がれています。安全管理者と衛生管理者の選任についてもこの時に規定されています。まだ、総括安全衛生管理者の規定はありません。その後、安全衛生管理関係では、昭和30年（1955年）にけい肺等特別保護法（後に、じん肺法に引き継がれる）が制定されています。

昭和47年（1972年）には労働安全衛生法が、労働基準法から分離される形で制定されました。また、昭和50年（1975年）に最高裁が「生命及び健康等を危険から保護するように配慮すべき義務」として安全配慮義務の考え方を示したことが、企業の積極的な安全衛生管理を促すことに繋がっていきます。その後も労働安全衛

生関係法令は、さまざまな安全衛生上の課題に対応するため、改正
が重ね続けられています。

　近年は、労働安全衛生法の対象範囲は、過重労働問題やストレス
という職場の労務管理に関連した面にまで広がり、身体面の影響か
ら精神面の影響までが対象になってきました。加えられる負荷が単
純な物理化学的な量だけでは測れなくなってきたという意味で、安
全衛生管理もむずかしさを増しています。また、今後も利用する化
学物質が増える一方、有害性に関する知見が積み重ねれらて新たな
対応が必要になると思われますし、ICT関連ツールの利用に関連し
た健康障害の問題が顕在化することもあるでしょう。まとめて言え
ば、従来以上に「人に対する理解」と「新たな技術の理解」が安全
衛生管理に求められてきています。

(3)　先駆者と言われる経営者

　「安全第一」の考え方を日本で最初に取り入れたのは、古河工業
足尾鉱業所長だった小田川全之氏です。米国で成果を上げていた
Safety Firstを「安全専一」として鉱業所内に掲示する（大正元年
（1912年））とともに、作業心得を整備していきました。Safety
First「安全第一」は米国の鉄鋼メーカー、USスチール社長のゲーリー
氏が、「生産第一」「品質第二」「安全第三」という経営方針を「安
全第一」「品質第二」「生産第三」として安全対策や教育をすすめた
ことにより、労働災害が減少し、事業の業績も向上したと言われて
います。

　中災防の初代会長となった三村起一氏は、日本の産業安全運動の
創始者の一人とされています。若い頃に勤めていた住友伸銅所で、
労働災害を目の当たりにして「一生を安全運動に捧げよう」と決意

4. 歴史と先人の発想を知る　49

して、社内の安全管理を向上させただけでなく、日本の安全運動を生涯を通して支え続けました。石油開発公団の初代総裁を含め何社もの社長を務めるなど財界人としても著名な人です。自伝（「私の履歴書」日本経済新聞社）の中で、大正初期（1915年頃）は「日本にはまだ組織的な安全運動はな」く、容易に共鳴が得られなかったと記しており、「災害なき生産こそ真の生産である」とも記しています。「一番大切なのは人命の尊重だ。経営のコツは、みんなを安心させ、一生懸命仕事に打ち込ませることだ。それにはセイフティが根幹だ」と安全係を命じられた河上健次郎氏（のちの住友金属鉱山社長）に教えたと言われています。

　企業による研究機関設立の例もあります。大原孫三郎氏（倉敷紡績㈱社長（当時））は、交代勤務や労働環境などについて科学的に調査研究を行い、適切な管理に結び付けるために、大正9年（1921年）に、労働科学研究所（現：公益財団法人大原記念労働科学研究所）を設立しています。企業経営者の心意気を感じます。

　安全衛生関係法令が整備されていない時代に、事業所長あるいは経営者として、安全衛生管理の意義を考えて安全衛生管理に取り組んだ先駆者がいたということです。他にも、産業界の安全衛生運動に大きな影響を及ぼした先駆者がいますが、関心があれば、関連の出版物などで確認してください。

⑷　先輩経営者の言葉

　労働安全衛生関係法が制定され、産業界も安全衛生管理に一層力を注ぐことになります。企業経営者は、安全衛生管理の重要性をそれぞれの言葉で語っています。企業の基本方針として引き継がれている言葉もあります。

トヨタ自動車工業㈱社長（社名・役職は当時、以下同じ）の豊田英二氏は、安全を企業発展の根幹と位置づけ、「安全は作業の入り口である」として、安全を抜きにした作業はないことを示しました。昭和48年（1973年）、住友金属工業㈱（当時）社長の日向方斎氏は「企業を預かる者としては、経済活動を通じて、従業員の福祉向上を目的として努力致しておりますが、その経済活動のために従業員が災害を起こし、不幸になることは、目的が達成できぬことになり、災害は何としても防止しなければなりません。」として、企業経営の中での矛盾として労働災害をとらえ、安全管理強化をすすめなければならないことを社内に示しました。

昭和30年（1955年）大和運輸㈱（現：ヤマト運輸㈱）から静岡運輸に出向していた小倉昌男氏（後の社長、宅急便を開発）は、労災事故が多発する状況の中で木工業の工場から学び、「安全第一、営業第二」を社内で宣言して、安全面も営業面でも改善させ、ヤマト運輸に戻ってからの安全運動を推進しています。そして、『「安全第一」の言葉は、マンネリの代名詞のようなもので、どれだけ実効を上げているのか疑問である。というのも、第二がないからである。何でも"第一"の社長は「戦術レベル」の社長である。・・・何が第一で、何が第二、とはっきり指示できる社長は、「戦略レベル」の社長である。社長の役目は、会社の現状を正しく分析し、何を重点として取り上げなければならないかを選択し、それを論理的に説明すること、つまり戦略的思考をすることに尽きると思う。』と自著（「小倉昌男経営学」日経BP社、1999年）に記しています。

ここでは、三人しか取り上げませんでしたが、他にも多くの経営者が、安全衛生管理の取り組みの考え方を関係者に語り、事業場（会社）の安全衛生水準向上に努力し、現在に引き継がれています。時代的背景のあることですので、表現に違和感を覚えることもあると

4. 歴史と先人の発想を知る　51

思いますが、過去のことだと片付けてはいけません。先輩経営者が
残した言葉から学ぶべきことは、真摯に安全衛生の問題に向き合っ
てきたということだと考えます。

(5) こんな事例があります

　筆者が見聞きした事例です。多少脚色していますが、実際にあっ
たことです。いずれも随分前の話で、価値観が変わってきている中
で、現在も当てはまることだと断定はできませんし、このようなや
り方が、全てのケースに当てはまることはありませんが、示唆に富
んでいます。

ア．工場長

　協力会社を含めて1,000名近い従業員が働く基幹工場の工場長
に就任して間もない時期に、社員の休業災害が発生し、その後も微
小なケガが数件続いたことに対して工場長は、「オレは安全のこと
しか言わない」と宣言して実行しました。工場長が事業運営に責任
を担っていることは誰もが知っており、工場長を支える管理監督者
は、一致して安全で円滑な操業をすすめました。その後ケガの発生
が無くなるとともに、生産指標（生産量、歩留りなど）でも新記録
が樹立されました。もちろん工場の従業員も、自分たちの安全を真
剣に考えている工場長の下で、安全にキチンとした仕事をしたとい
うことになります。

　工場長が、生産のことに全く関与しなかったということではない
と思われますが、従業員を思う気持ちが従業員の前向きな仕事を引
き出したということになり、副次的に生産面での好業績にも繋がっ
たことになります。

イ．事業場を統括する役員

　社内の10近い事業場を統括する役員が、安全に掛かるコストを全て調査して出せと指示しました。生産コスト削減が必要な経営状況にある一方、災害発生が少ない状態だったことから、安全衛生管理に関する投資や経費、人件費（会議・ミーティング、職場巡視、安全衛生業務に関わる人件費など）の削減を求めたのです。調査を契機に、重篤な災害を含めて、ケガが続出し、この指示は意図する成果を生みませんでした。

　安全に掛かるコストも経営の状況に応じて減らすべき時もあると筆者は考えます。ただし、どのようにしてコスト削減をすすめるかということが、非常に重要です。実際の業務に従事する人たち（従業員）に「君たちの安全は二の次だ」と受け止められることになっては、コスト削減もむずかしいでしょう。「安全を確保するために必要なコストは削減しない」として、全体のコスト削減をすすめる方が効果があるのではないかと思います。

ウ．部長（製造業）

　とても厳しい部長でした。数百人の部下を抱え、さまざまな業務を担う協力会社の1,000人を超える従業員とともに工事を行う部門を所管していました。よく現場に出向いて現場の人たちに声を掛け、細かいところまで指示する一方、制度としても安全な作業遂行の条件を整えることに注力していました。所管する業務で協力会社従業員の休業災害が発生したことがあり、この時にこの部長は、部下や関係者の前で涙を流したのです。「本人に申し訳ない」と。部下を始めとした関係者が、従来に増して真摯に安全な業務の遂行に注力することになります。部下のことを思うが故の厳しさであることが、彼の全ての言動に現れていたと思います。その後も、この部

4. 歴史と先人の発想を知る　53

門は、安全衛生管理面で模範的な状態を継続するとともに、業績面でも高い評価を受け続けました。

エ．経営トップ（サービス業）

　取り扱う物の集配を伴う事業を行う会社で、多くの営業車を利用していました。時間通りに客先に届けたり、回収したりするため、集配を担当する従業員がついつい駐車違反をして罰金を払うことがありました。駐車料金が節約できるとの思いもあったようです。大きな交通事故はありませんでしたが、リースの営業車の物損は少なくありませんでした。このような状態が当たり前になっていた時に、専務が「集配が遅れたら自分が責任を取る」から、「必ず駐車場を利用する」ことと「安全な運転をする」ように指示しました。結果として、ほとんど集配業務に遅れが生じることはなく、交通事故も無くなって車両のリース料が減るということになりました。

　駐車場を使うことは当たり前のことですが、この会社の従業員にとって、この専務の発言は画期的なことだったのでしょう。余裕を持って、計画的に業務を進めることになり、安全も効率も高めることになりました。さらに、集配の業務に留まらず、従業員がより前向きに仕事に取り組む姿勢に繋がっていきました。

オ．経営トップ（製造業）

　全国安全週間に合わせて、社長安全メッセージが毎年出され、全従業員に配布されていました。メッセージの原稿に「安全確保のために躊躇なく『設備を止める』『作業を中止する』ことを徹底する」と書いてあったことに対して、「このようなお題目を唱えても、生産に責任を負っている現場の人たちは、何とかうまく設備や作業を止めずに済ませようとしがちだ」と言って、自分でメッセージに加

筆して、『安全確保のためには「設備を止める」「作業を中止する」、こういうことも躊躇なく確実に実行をしていただきたい。操業に関わるロスは、全社の力でバックアップして取り戻すことが可能ですが、災害（ケガ）によって失ったものは取り戻しがききません』としました。「全社の力で取り戻すことが可能」なことと取り返しがつかないことを対比した言葉は、経営者としての思いが伝わる説得力のあるものだと思います。

(6) 日本の到達水準

　現在の日本の安全衛生水準を知ることは、産業界や地域における事業場の安全衛生面における立ち位置が分かりますし、事業展開を考える上で勘案すべきことが見えてきます。

(6-1) 災害の発生状況

　現在の日本の労働災害の発生状況はどうなっているのでしょうか。安全衛生関係の代表的な全国のデータを表3に示しました。産業構造の変化に伴う労働者数（母数）の変化もありますし、じん肺有所見者数は捕捉率や重篤度の問題に加えて産業構造の変化もあり

表3　安全衛生関係の代表的な全国データ

	労働災害による死亡者数	じん肺有所見者数
昭和40年（1965年）	6,046人	14,234人
昭和50年（1975年）	3,725人	19,169人
昭和60年（1985年）	2,572人	39,376人
平成 7年（1995年）	2,414人	19,175人
平成17年（2005年）	1,514人	5,972人
平成27年（2015年）	972人	1,935人
――	最多は1961年6,712人	最多は1982年44,807人

ますので、単純な比較はできませんが、傾向は把握できます。

　第二次世界大戦前の労働災害統計は、筆者の手元の資料では分かりませんが、日本経済新聞社の「私の履歴書」に三村起一氏（前述の著名な実業家、中災防初代会長）が約100年前のある事業場（住友伸銅所）の労働災害の発生状況を書いています。筆者がこのデータから災害発生度数率（100万労働時間当たりの災害発生件数）を（年間労働時間3,000時間として）概算で出してみました。

> 1916年（大正5年）　年間災害件数 12,000件／従業員1,500人
> 　　　　　　　≒ 災害発生度数率　2,700
> 1921年（大正10年）年間災害件数　1,600件／従業員4,500人
> 　　　　　　　≒ 災害発生度数率　120

災害の程度（休業災害なのか不休災害まで含まれているかなど）は不明です。三村氏は、熱心に安全活動をすすめたことで知られた人ですが、その成果としてこのようなデータが示されています。これは先進的な取り組みをしていた事業場のデータということになります。労働災害発生率は5年間で20分の1以下になっています。対策を取る余地が大きかったということでもあるのでしょう。

　現在の日本の災害発生度数率は、常用労働者数100人以上の製造業の事業場で休業災害（休業4日以上）は1.0を若干超える程度（全産業では1.6程度）になっています。不休災害まで含めると、5.0程度でしょうか。正確に比較することはできませんが、100年前に比べ、数10分の1まで労働災害は減っていることが推測できます。この現在の到達水準をどのように考えるのでしょう。年間の死亡災害は全産業で900名を超え、製造業では150名前後になっています。この数字には、労働災害統計ですので、経営者や農業を含めた

自営の方たちの災害は含まれていません。労働災害と重複があるか
もしれませんが、農作業での死亡災害は300名を超えています。

(6-2) 英国の水準

　OSHMS（労働安全衛生マネジメントシステム）発祥の地である
英国の労働災害による死亡者数（fatal injuries to workers）は、
HSE（Health and safety executive；英国安全衛生庁）の2016／
17統計では137人（建設業30人、農業27人、製造業19人など）で、
ヨーロッパ諸国では最も発生率が低くなっています。他に自営業の
人（the self-employed）が60人程亡くなられているようです。労
働者数も産業構造も違いますし、統計の対象も違いますので、単純
に比較はできませんが、日本より死亡災害発生率が低いことは間違
いありません。

(6-3) SDGsまで視野に入れて

　労働安全衛生マネジメントシステムが国際規格（ISO規格）にな
りました。世界共通の枠組みの中で安全衛生面の課題に取り組もう
という動きの一つです。

　また、事業が国境を超えて展開する状況の中で、2015年には国
連サミットで持続可能な開発目標（SDGs；Sustainable
Development Goals）が採択されました。国際社会が共同して取
り組むべき地球規模の課題という位置付けです。

　日本でも、関係行政機関相互の緊密な連携を図り、総合的かつ効
果的に推進するため、全国務大臣を構成員とする持続可能な開発目
標（SDGs）推進本部が内閣に設置されて、「持続可能な開発目標
（SDGs）実施指針」が示されています。民間企業の果たす役割へ
の期待も示されています。この中で、持続可能な開発目標（SDGs）

4. 歴史と先人の発想を知る　57

を達成するための優先課題が示され、具体的施策としては、「あらゆる人々の活躍の推進」の項目として「労働災害防止対策の推進」が掲げられています。

　なお、優先課題に取り組むに当たっては、5つの原則「①普遍性」、「②包摂性」、「③参画型」、「④統合性」、「⑤透明性と説明責任」を重視するとされており、国内の安全衛生管理を考える上でも共通する視点だと筆者は考えます。関心があれば、詳細は、国連や政府関係のホームページでも確認できます。

　このような国際的な動向も踏まえながら、世界をリードする安全衛生管理を目指してもらいたいと思います。海外に事業場を持っている会社では、国内の事業場がマザー工場として、安全衛生管理の面でも世界に通用し、海外事業場も含めて世界の模範となることを視野に入れておいてはどうでしょうか。

　なお、ILO（International Labour Organization；国際労働機関）の資料では、全世界で毎日約7,500人が業務関連の事故で死亡、労働災害は年間100万件程度ということです。世界各国から正確な労働災害データが収集できているとは思われませんが、まだまだ世界の安全衛生管理に課題が多いことは間違いありません。

II

総括安全衛生管理者
自身の仕事

1. 安全衛生方針を示す

安全衛生管理の「拠り所」として事業場の安全衛生方針を示すことが必要です。憲法前文のような位置付けになります。事業場の規程・基準を始め、従業員の判断と行動を方向付け、安全衛生管理の施策の方向性を決めることになります。

(1) 拠り所を示す

安全衛生方針を示せば、従業員の判断と行動が自ずと方針に沿ったものになるということはありません。総括安全衛生管理者を筆頭に、事業場として、いつも安全衛生方針が「拠り所」であることを前面に出すことが必要です。事業場の基本的な規程（たとえば、○○事業場安全衛生基本規程）にも、「安全衛生方針を定めて、方針に沿って安全衛生管理をすすめていく」ということを明記しておくようにします。安全衛生方針は、事業所長（総括安全衛生管理者）が自署（サイン）して、全職場に配布（できれば掲示）しておくといいでしょう。

(2) 安全衛生方針の対外的意義

法令では、総括安全衛生管理者の職務として「安全衛生に関する方針の表明に関すること」が挙げられています。法令の規定は、安全衛生管理を労働安全衛生マネジメントシステム（OSHMS）として行うことを想定して設けられたものです。労働安全衛生マネジメ

ントシステム指針（公示）にシステムとしての要件が示されています。ISO45001／JISQ45001（労働安全衛生マネジメントシステム規格）にもOH & S policy（Occupational Health and Safety）の制定が要求事項として掲げられています。方針に記載すべき事項は、指針や規格に提示されていますので、必要であれば確認してください。

　安全衛生方針は、CSRの観点から公表（会社のホームページへの掲載等）されたり、利害関係者から提供することが求められることがありますが、第一義的には事業場内、言い換えれば従業員に対して事業場としての方針を示すものです。指針として従業員に提示した時に、日常の安全衛生管理とかけ離れた表現では、形式的に制定したものだと受け取られかねません。実態に合った（事業場の取り組む安全衛生管理の方向と合致した）方針とすることが大切です。とは言いながら、外向きにアピールできる表現をすることも必要だと思います。

(3)　前文に思いを示す

　筆者は安全衛生方針の前文の持つ意味は大きいと考えています。基本方針あるいは大方針と言ってもいいかもしれません。総括安全衛生管理者として安全衛生管理に関する「思い」を表現してください。飾り付けた言葉やありきたりの言葉を並べるのではなく、事業場の歴史を踏まえた上で、総括安全衛生管理者の言葉として表現することが大切でしょう。「覚悟」を伝えるような内容があってもいいかもしれません。この基本方針が、規程・基準などの解釈や規程・基準に具体的に示しきれない業務や場面での判断や行動を方向付けていきます。

⑷ 方針を変える

　安全衛生方針を毎年のように変えると、「拠り所」としての意義がなくなります。慎重に考えて、事業場の安全衛生管理全体に大きな網を掛けるような方針を決めることが必要です。

　一方、事業場の安全衛生管理の状況の変化や、事業内容の変更、新たな社会的課題の対応などがあれば、方針も変える必要があります。時宜を得た変更をすることにより、従業員も「拠り所」としての方針の意義を感じることになります。

Ⅱ　総括安全衛生管理者自身の仕事

1. 安全衛生方針を示す

2. 経営を支える

　総括安全衛生管理者の役割は、2つに大別できると考えます。一つは、事業場としての安全衛生管理を責任を持って遂行することで、もう一つは、安全衛生管理について経営者が的確な判断ができるようにすることです。

　安全衛生管理は、日常的には職場の管理を担う管理監督者が安全管理者や衛生管理者などの安全衛生部門のサポートを受けてすすめていきます。総括安全衛生管理者として経営者目線（経営者に近い視点）で職場の状態を捉え、管理監督者や安全衛生部門を指揮することになります。最終的な責任者である経営者（事業者）に対して、事業場の安全衛生管理の状況や課題について随時の報告を行い、要事の判断を仰ぐことも必要になります。

(1)　経営の判断

(1-1) 判断を引き出す

　一般的にということですが、事業運営を担う経営層でもトップに近付けば近付くほど、社会の中での組織のあり方について考える機会が増え、より大きな視野で組織運営を考えることになります。ただし、経営者でも上位者（たとえば社長）の判断ばかりを気にする人がいるのも事実で、物言えぬ風土の組織になってしまい不祥事に繋がることもあるようです。経営トップも人である限りさまざまな個性を持っていますので、現実にはその個性も頭に置いて接することが必要であることは間違いありません。安全衛生管理についても、

整然と、かつ熱意を持って、経営との関わりを整理して、経営者に伝え、的確な経営としての判断を導き出すようにしたいものです。

（1-2）経営者の経験

　感情を持ち、個性の違う従業員の前向きな気持ちを引き出すことが、経営として極めて重要な課題で、その中に安全衛生管理もあると筆者は考えています。現場組織のマネジメント経験のない経営者もいると思いますが、安全衛生管理の意義について理解を深め、的確な判断をしてもらえるようにすることも安全衛生管理の実務に責任を持つ者の重要な役割です。機会を設けて、丁寧に実情・課題などについて理解を求めて、的確な判断を得るように（的外れな判断を誘導しないように）したいものです。社外取締役（非常勤監査役も）には、安全衛生管理について全く知見がない人がいるかもしれませんので、特に丁寧な対応が必要かもしれません。

（1-3）対外的な立場

　経営者には、事業運営に関する責任がありますし、対外的な会社の代表としての立場もあります。経営者の立場に立って考えて、何を伝えるべきか、判断を仰ぐべきかを判断してください。中長期的な投資を伴う安全衛生対策の考え方（たとえば機械安全対策の計画的導入）や経営者が自社の安全衛生管理として対外的に説明することができる施策、社会的に話題になる取り組み（たとえばストレス問題）などは欠かせないでしょう。なお、経営としての判断を求めることがあっても、細部の運用については任せてもらうことが現実的で、スピーディーで実効の上がる管理ができることに繋がります。

　また、重篤な労働災害の報告など、事業リスクと認識されることについては、速やかな経営者への報告が必要なことは当然です。社

会的に指弾されるような事態の場合は、事故や事件発生後の方向付けにも経営の判断が必要なことも言うまでもありません。大きな事故や事件があると、経営トップに対して細部にわたる説明がマスコミを含めた関係者から求められたりすることもありますので、状況に応じた対応も必要となります。

「社長（上司）に迷惑は掛けられない」といった考え方も日本には根強くあり、この考え方が問題を大きくすることもありますので、注意が必要です。

(2)　経営トップからの発信

従業員に向けた社長年頭挨拶などで、従業員の安全と健康のことを取り上げることが多いと思います。総括安全衛生管理者として従業員に発信している内容と方向が異なることがないように、事前に十分調整しておきましょう。当然のことながら、社長の発言は重いということですので、総括安全衛生管理者の考え方を後押しするような内容であれば、望ましいということでしょう。

社長（役員）の事業場訪問（巡視）なども行われていると思います。行事としての位置付けでの訪問もあるかもしれません。事業場のいいところも見せたいと思いますが、社長が事業場の安全衛生上の課題を正確に認識できるようにすることも忘れないようにしておきたいと思います。事業場訪問に合わせて、社長の講話・訓示などという形で、従業員が社長の話を聞く機会が設けられることもあると思いますが、年頭挨拶と同じで調整が必要です。方向性が違って一番戸惑うのは従業員ということになります。

(3) 取締役会への付議

　取締役会への付議事項は、取締役会規程などで決められています。安全衛生管理が単独で決議事項となることはほとんどないと思いますが、重篤な災害の発生やその対応など、事業（見方によっては従業員を含めたステークホルダー）への大きなインパクトがある事項や年安全衛生計画などについては報告事項になっている会社が多いと思います。報告内容は、それぞれの会社のやり方があると思いますが、意味のある（取締役会として必要な認識ができる）報告にしたいと思います。

　安全衛生管理状況などについて、監査役（会）への報告が求められることもあると思います。報告の考え方は取締役会と同じですが、監査役の立場で報告内容を指定されることもあるはずです。

(4) 社内会議への報告等

(4-1) リスク対応関連会議など

　会社には、執行役員会、事業所長会議など事業運営に関して検討する場や、リスクマネジメント委員会、CSR委員会、コンプライアンス委員会など事業リスクや社会的責任に関連した会議が設けられているはずです。どこまで取り上げるかは、社内規程に従うことになりますが、一般的には安全衛生管理についても当然議題にしたり、報告したりする対象になります。労働災害に関する事項だけでなく、司法処分・行政処分、労働問題や民事訴訟に結び付くリスクについても付議の対象になるでしょう。労働衛生上の問題（職業性疾病）や、過重労働とメンタルヘルス問題、さらには感染症の問題

2. 経営を支える　67

なども、経営に関わる重要な課題になると認識しておいてください。

　事業場内でもこのような会議が開催されていることが多いと思います。事故・災害に対する個別対応という視点だけでなく、「リスク」としての課題という視点も含めて検討できるようにすることを勧めます。

(4-2) 内部統制管理

　内部統制（報告）の一環として安全衛生管理が位置付けられている場合も多いと思います。当然のことですが、これらの対応は、表面的に「うまくいっている」ことを確認して安心を得る場ではなく、経営としての課題を確認する場ですので、その機能が的確に果たせるように、実態をありのままに伝えることが欠かせません。確認する過程で不十分な点があれば改善するという機会にするということも重要です。

　さらに、IR（Investor Relations）の一環として、事業報告書、アニュアルレポート、環境報告書に安全衛生管理の状況を記載することもあると思いますが、安全衛生管理に真摯に取り組むことが事業基盤を支えるという姿勢で、読者となるステークホルダーに考え方が伝わるような内容にしたいものです。

3. 安全衛生部門を活かす

実務部門としての安全衛生部門を設け、安全衛生管理者を置いているはずです。これらの部門の位置付けを再確認し、安全衛生管理者・安全衛生部門がいい仕事をできる状態にして、いい仕事をさせることが総括安全衛生管理者の重要な仕事になります。指導するという視点も必要ですが、部下を力にするという視点も持って、安全衛生水準の向上を図っていきたいものです。

(1) 安全衛生管理者を指揮する

(1-1) 安全衛生管理者とは

労働安全衛生法の規定で、総括安全衛生管理者との関係が明記されているのは、事業者の他は、指揮する対象である安全管理者と衛生管理者、そして勧告を受ける産業医です（この章では、これらの管理者をまとめて安全衛生管理者と記載します）。それぞれに資格などが必要です。正確なところは法令などで確認してもらいたいと思いますが、大まかな選任の要件などは以下の通りです。

(1-2) 安全衛生管理者の要件と職務

安全管理者になる（選任する）ためには、一定の経験と法令で規定された講習の受講が必要です。安全管理者は、専門知識を前提に安全管理者になっているのではなく、安全管理の知識や法令については必要の都度確認しながら、マネジメント力を活かして事業場の安全管理を担うという印象です。安全管理者は、職場のマネジメン

3. 安全衛生部門を活かす　69

ト経験のある人を選任する事業場が多いようです。

　衛生管理者は、国家試験合格等により衛生管理者免許を有する従業員の中から選任しなければなりません。衛生管理者免許には第一種と第二種があり、大ざっぱな言い方をすれば、第二種免許では現業業種以外の事業場でしか衛生管理者として選任できません。第一種衛生管理者試験の全国での合格者は、年によって違いますが、毎年3万人近くで、合格率は50％程度です。有害業務のある事業場には、衛生工学衛生管理者の選任が必要な事業場もあります。衛生管理者は、試験等のために法令や衛生管理の知識を勉強して資格を得て、専門知識を活かして事業場の衛生管理を担うということが前提になっています。

　産業医は法令で定められた研修を修了するなどの要件を満たした医師を選任することになります。産業医は、産業医である前に医師です。一般的に言えば、医師は専門分野について深い知識を持ち、新しい情報も熱心に勉強して高い専門性を持ち続けています。当然かもしれませんが、病気やケガの人の回復・ケアについて、最優先の事項として取り組むという考え方を持って仕事に取り組んでいると思います。特に、専門性の高さと情報量の多さ、人の命を預かるという使命感を持った仕事には、感心させられたことが多くあります。一方で、他の管理者は会社組織の縦系列の中で仕事をすることに馴染んでいますが、産業医は当てはまらないことが多いと思います。発想の原点が違う可能性があるということになります。

（1-3）場を設ける

　これらの事業場安全衛生管理の要となる人たちへの総括安全衛生管理者の接し方について、共通して考えておいてもらいたいことがあります。一つは、「場を設ける」ことです。「何かあったら相談に

来ればいい」「必要な時は連絡するから」としてしまいがちですが、定期に時間を設定して、事業場の安全衛生管理の状態について聞き、課題を検討する場を設けてください。場を設けることにより、安全衛生部門による実態の把握も詳細に進みますし、課題を整理することにもなります。総括安全衛生管理者からも「気になること」を気軽に話すことができます。安全衛生委員会の場があると思いがちですが、委員会という労使が出席する公式な場ではなく、非公式の場が事業場の安全衛生管理を的確にすすめるためには必要だと考えます。安全衛生管理は、事業場の日常的な運営に直結しないだけに、このような場を持つ意味が大きくなります。

(1-4) より高いレベルで

　二つ目は、安全衛生管理者によく勉強させることです。的確な安全衛生管理を行うためには、幅広い知識を持ち、深い洞察力を持って取り組むことが望まれます。事業場（会社）の中ばかり見ているのではなく、国内外の産業界の動向や行政情報、学会・研究会等の成果なども把握させておきたいと思います。専門誌や関係文献の確認、外部講習などの受講、交流会への参加などを積極的に取り組むように指導してください。ただし、新しい情報にすぐに飛び付いたり、拡大解釈しての特異なことを一般化したりして、事業場の安全衛生管理の実態に合わない取り組みを行うことがないように、高い視点での指導も必要です。「本当にそうか？」「どんな成果が見通せるのか」「うちの事業場にとってどんな意味があるのか」「足元の状況や将来の姿に適したことなのか」などの疑問を投げかけて、安全衛生管理者自身に深く考えさせることも欠かせません。頭ごなしの指導をしたり、自分の経験だけで判断することなく、安全衛生管理者を育成する視点も持って指導してもらいたいと思います。

3. 安全衛生部門を活かす　*71*

（1-5）実態を把握させる

　三つ目は、よく現場（実態）を把握させることです。調査やデータ解析に加えて、安全衛生管理者自身の目での現場（現地）確認が必要です。

（1-6）専任と兼任

　安全衛生管理者は、専任と兼任の違いや、産業医は専属か嘱託かの違いによって、どのような役割を期待するのか変わる面がありますが、いずれの場合でも安全衛生管理者を最大限に活用してもらいたいと思います。また、事業場の安全衛生水準を上げるためには、安全衛生管理者についての的確な人材配置が必要なことは言うまでもありません。

(2)　安全管理部門の役割

（2-1）安全管理から見えてくること

　安全管理の状態に課題がある職場では他の管理もうまく行っていないことが多いことは間違いありません。職場（特に操業系の職場）では、安全管理の状態に職場の状態・雰囲気が象徴的に表れてくると考えます。

（2-2）企画する

　安全管理は、巡視（パトロール）をすることだと思っている人がいます。もちろん、間違っています。労働災害という現象を見ても、設備管理などの技術的・設備的な面に原因がある場合もあれば、平坦な通路で転んだという問題まであります。技術的・設備的な課題に対しては、それぞれを所管する部門が中心になって課題の整理か

ら対策まで実施することが多くなると思いますが、対応を確実なものにするのは安全管理部門の役割です。行動面の問題や管理面・制度面の問題に対しては、安全管理部門が中心になって対応することになるのでしょう。

安全管理部門は、現場第一線の実態を把握して、よりよい状態を実現していくために、安全管理のあるべき姿を提示したり、各職場で共通して実施する安全活動を企画することになります。ただし、安全管理の実施主体は、現場第一線を所管する部門となることが多く、安全管理部門は裏方という面がありますが、大局的な見方で事業場全体の実態を把握して、事業場の組織や従業員を動かすという重要な企画部門です。事業場に対する従業員の意識を左右したり、仕事に対する姿勢に影響を与える部門ということもできます。

また、安全衛生委員会などの事業場として実施しなければならないことや、安全衛生管理に関する対外的な役割を安全衛生部門が事務局として担うことが必要なことは言うまでもありません。

(2-3) 技術面の課題への対処

安全水準を上げるために欠かせないのは、ハード面の対策（設備対策など）です。既存の設備の改善もありますし、新設・改造時の対策もあります。安全衛生部門が設備の設計などに直接関わるか否かは別にして、「所管部門（設計部門など）が必要な対策を実施するようにリードする」ことと、「対策の方針・計画を策定する」ことは重要な役割になります。設備の新設・改造時などに安全衛生対策の確認（設計審査など）を行うことも必要です。また、工事などの施工方法、化学物質の使用方法などの技術的課題についても、安全衛生管理の立場で確認させるようにしたいものです。安全衛生部門が関わるということを通して、確実な安全衛生面の検討や対策の

実施ができることになります。既存設備・装置の老朽化・腐食・劣化などに対する制度的な管理も、旗振り役としての役割を持たせたいと思います。この役割を果たすために個々の技術的問題についての専門知識が必須だということにはなりません。

　安全衛生保護具や安全用具・安全設備については、メーカー等から最新の情報を得て、安全で機能性の高いものの導入をすすめることも安全衛生部門の重要な役割になります。

（2-4）特定機械等の管理

　労働安全衛生法では、クレーンやボイラーを始め、設備・装置の構造規格が定められている場合があります。安全を確保する上で必要なこととして定められ、JISなどの規格と相まって設備・装置の機能も規定されています。これらの特定機械等の管理は、設備技術的な側面が強く、設備管理部門や保全部門などで管理した方が、的確な管理ができることがあります。この場合を含めて、安全管理部門は、労働安全衛生法の所管部門として、適切な管理ができているかを確認する役割あります。

　これらのことの他に、安全衛生関係法令などに基づく管理を所管させる部門であることは言うまでもありません。規程・基準類の整備、作業標準書の管理、安全教育、資格者の配置、点検・検査の実施、法定の届出・報告などがあります。事業場としての安全活動や災害調査なども所管させることになります。

（2-5）マネジメントさせる

　安全管理部門の所管する業務は、事業場全体に関わる多様で奥の深い業務だと思います。これらの業務で実効を上げていくためには、展望を持って全体をうまく統合してすすめていくという総合的なマ

ネジメント力が必要です。柔軟な対応力も求められます。なお、これらの業務（安全衛生施策（特に活動）や実施）についての企画は、最初から完璧な取り組み方はむずかしい面がありますので、「仮説を立てる」ことから始めて、必要な場合は、修正することが必要だと考えておいた方がいいでしょう。いずれにしろ、安全管理部門だけで担うには、結構重たい業務ですので、総括安全衛生管理者の適切な指示・指導・サポートが必要になります。

（2-6）安全管理者のキャリア

　安全管理者の多くは、安全管理部門としての役割を担うことに加えて、マネジメント力を期待されて選任されているのだろうと思います。

　会社によっては、将来の幹部に登用する可能性を考えたキャリアパスとして安全管理者を選任しているかもしれません。とてもいいキャリアだと思いますが、一点だけ注意しておきたいことがあります。事業場の安全管理の状態（実力）は、一気に悪くすることは簡単ですが、一方、短期間で飛躍的に良くなるものではありません。キャリアパスの場合に限りませんが、自分の任期中のことだけを考えて、現場に過度に負荷が掛かる取り組みをさせるようなことがあっては、長い目で見ると逆効果になることがあります。従業員の意識まで含めて地道に改善を積み重ねていくことが不可欠なことをキチンと認識させておくことが必要です。中長期的な視点を養うために安全管理をどのようにすすめるのかを考えさせるいい機会でもあると思います。

（2-7）安全管理者の選任と役割

　安全管理者を誰にするかは、事業場の考え方によって異なります。

3. 安全衛生部門を活かす　75

キャリアパスポストとする場合は、安全管理者の枠組みがある程度でき上がっているか、安全管理者を支える有能なスタッフが部下に配置されていることが欠かせません。部門としての土台がしっかりしていなければ目先の成果を求めることになりかねず、現場が混乱するおそれすらあります。

　安全管理者に権限を与えることが必要だということも言われますが、他の管理部門以上に権限を与える必要があるとは思えません。事業場の他の部門とも調整し、協力して業務をすすめていくという仕事のやり方は、他の部門と同じです。権限が安全水準を上げることはないでしょう。

　事故・災害が起きた時にだけ安全管理者の存在感があるという状態ではなく、事故・災害が起きていない時にも存在感を感じられる安全管理にしたいものです。このためには、事業運営の中での安全管理の果たす役割を整理しておく必要があり、事業運営に日常的に貢献できる安全管理にすることが必要です。

(2-8) 安全衛生管理情報を収集させる

　前述しましたが、安全管理者（衛生管理者も同じ）には、事業場外の情報も得て要点を報告するように指示しておくことを勧めます。事業場外の災害情報、法改正・行政動向、他社情報や関係する技術情報などについてです。安全衛生管理は、事業場内だけを見ていても情報量は限られており、事業場内の状況を客観的に見るための知見も社内からだけでは十分得られません。場合によっては海外の情報なども入手させて、広い視野で事業場の安全衛生管理を考えるようにしたいものです。

（2-9）安全管理の状態を見極める

　事故・災害の報告（ヒヤリ・ハット報告を含めて）、あるいはその統計が、職場の実態を表しているとは限りません。発生確率の低いことがたまたま発生したのかもしれませんし、危険な状態があっても、現場が「うまく」事故・災害を回避しているのかもしれません。一方で、安全管理の状態を数字や文字情報などのデータで摑むという視点も必要です。災害分析、リスクアセスメント結果、ヒヤリ・ハット報告の分析などがこの対象になります。ただし、分析の対象にしているデータそのものに意味があるのかはよく見極める必要があります。

　安全管理の状態は、データ以外では、管理監督者の発言、職場の雰囲気などにも表れてきます。安全管理部門は、日常的に職場の状態を把握して、何が課題なのかを見極めたいものです。事業場全体に関することもあれば、部門毎に異なることもあります。このような、漠とした総合的な見方を含めて、事業場の安全管理状態について把握して対応を考えることになります。

　なお、整理整頓ができていない職場では、安全上の問題があるなどと言われたりしますが、筆者の経験で言えば、そんな単純なものではないと思います。たとえば、機能的でない見掛け上の整理整頓に注力している職場は、形式的に安全管理に取り組んでいることがあります。仕事がしやすい状態に整理整頓されているかという視点が大切です。もちろん、表現は適切ではないですが、「汚い」「乱れている」職場には課題があるでしょう。整理整頓だけでなく、従業員の言動を含め職場全体の雰囲気も感じながら、課題を見出す必要があると思います。

　また、安全衛生管理以外でも同じで、データの整理がうまくできている（報告資料がうまくできている）と、いい仕事をしているよ

うに見えますが、一番大切なのは実態をよくするということにあることは忘れないようにしたいと思います。

(3) 衛生管理部門の役割

　一般的な健康管理やメンタルヘルスの問題を除いて、職業性疾病に結び付く問題の管理に限定して、衛生管理部門の役割として取り上げます。

(3-1) 職業性疾病の特徴

　労働衛生の問題には急性のもの（中毒など）もありますが、多くは負荷が蓄積されて症状が出てきます。症状が出てから対策を打っても、過去の蓄積を消すことはできません。将来を見据えて取り組むことが必要なこともあり、むずかしい分野です。もう一つの特徴は、「一人の問題」（一人だけが職業性疾病になる）で留まらないことが多いという点です。職場が同じとか、同じ作業をしていると、同じ負荷を受けた人が複数いるということになります。石綿問題（＊1）や胆管がん問題（＊2)を思い出してもらえれば理解できるはずです。

　急性の場合も含めて、労働衛生の問題が生じる場所や作業は、安全管理の対象に比べて限定的です。限定的であるが故に、対象となる場所や作業をしっかりと特定して、管理をすることが事業者に求められます。この役割を担うのが衛生管理部門の第一の役割です。

＊1　石綿問題：1960年代から使用（輸入）量が急増した石綿による健康被害（中皮腫、肺ガンなど）が平成17年（2005年）にクローズアップされ、広範囲に患者が見つかりました。厚生労働省から公表されている過去の石綿ばく露作業による労災認定等事業場数は、新規だけでも毎年500事業場を超えています。

＊2　胆管がん問題：印刷機の洗浄剤として塩素系有機洗浄剤を使用し

ていた印刷会社で元従業員ら18人が胆管がんを発症し、平成24年（2012年）の労災申請により顕在化して、マスコミでも大きく取り上げられました。ジクロロメタンや1，2−ジクロロプロパンへの長期間（約4〜13年）のばく露が原因と疑われ、その後特定化学物質障害予防規則などで具体的なばく露防止措置が義務化されました。

（3-2）作業環境等の改善

　衛生管理は、作業環境や作業方法に関わることですので、対策にお金が掛かる（予算措置が必要な）ことが多くあります。設備面の対策や保護具の改善などが代表です。技術的な検討も必要になります。作業方法の改善や取扱物質の変更による負荷軽減は、仕事の仕方を変えることになりますので、検討に時間を要することも少なくありません。

（3-3）衛生管理者の選任と役割

　衛生管理者は、国家試験に合格したりして免許を取得した有資格者で、少なくとも一定の知識を持っていることになります。ただし、労働衛生の分野は、幅が広くすべての労働衛生問題に精通しているとは限りません。また、中途半端な専門知識で、目先の課題に対応してしまう可能性もあります。衛生管理者には、専門家としての知見を深め、判断力を高めさせるための研鑽を積ませることが大切です。その上で、事業場の課題をキチンと把握して、経営としての課題がないかをアンテナを高くして情報を入手して判断し、対応していく（場合によっては経営の判断を求める）ように指導しておくことが必要です。

　急性の場合を除き、職業性疾病が顕在化するには時間が掛かりますので、すぐに対応せずに問題を先送りしてしまう可能性があります。衛生管理者が一人で問題を抱え込む可能性も考えられます。衛

3. 安全衛生部門を活かす　79

生管理の問題への対応の姿勢を衛生管理者に明確に伝えておくべき
でしょう。

（3-4）衛生管理に責任を持たせる

　職業性疾病が減ってくる中で、衛生管理者が、健康管理（健康診
断や医師による面接指導など）に関する事務処理（処理業務）を担
当している場合がありますが、それだけに注力させるのではなく、
従業員が将来にわたって安心して働ける職場を作るために衛生管理
者が実施すべきことがあるのではないでしょうか。産業医との橋渡
し役になっている場合もあると思いますが、伝言係をさせるのでは
なく、事業場の衛生管理者として、しっかりと責任を持った対応を
させたいものです。

（3-5）衛生管理の実態を摑む

　事業場の衛生管理の状態を把握できるデータとして、一般的には、
作業環境測定、特殊健康診断・じん肺健康診断、リスクアセスメン
トの結果などが挙げられます。これらは、法令の規定に沿ったもの
である場合が多く、安全衛生委員会での報告もこの範囲に限定され
ていることがあります。これらの情報が、職場の衛生管理の状態を
代表しているとは限りませんので注意が必要です。衛生管理者は、
職場に出向いて、あるいはさまざまな調査を通じて、職場の状態を
把握して、事業場として対応すべきことを理解しておくことが必要
です。また、作業環境測定結果の管理区分、健康診断の有所見者、
リスクの評価など、機械的に評価区分に当てはめを行ったために、
実態が的確に反映されていないことがあります。評価の方法が適切
なのかについても確認しておくことも必要です。これらのことを含
めて、事業場の課題を整理して衛生管理者に報告させるようにして

ください。

　繰り返しになりますが、衛生管理では会社責任が問われることが多い一方、結果が出るまでに時間が掛かることが多いという特徴を踏まえた実態把握（実態の判断）が必要です。

(4)　健康管理部門の役割

　一般的な健康管理やメンタルヘルスの問題を中心にした衛生管理を健康管理として取り上げます。

(4-1)　自然体で健康管理に取り組む

　苦手な分野だと思っている総括安全衛生管理者も多いと思います。医学という専門性の高い分野で医師（産業医）の判断を優先的に考えざるを得ないことが理由でしょうか。医療の世界で確立されたヒエラルキーに立ち入ることが困難なためでしょうか。健康管理に関しては、「曖昧な情報が世の中にあふれている」、「インプットとアウトプットの関係が分かりにくいことが多い」、「事例的な取り上げ方が多用され注目を集める」、「個人的な経験が一般化して語られることが多い」、「個人情報管理の観点で慎重に問題を扱わなければならない」、「多様な個体（人間）を相手にする」、「個々の生活環境や生活習慣の影響がある」などなど、事業場の他の分野と違う特徴があることも立ち入りにくい原因だと思います。一方で、メンタルヘルスの問題など経営の責任が大きく取り上げられて、経営へのインパクトが大きくなることが想定される問題もあります。専門家に任せるということではなく、総括安全衛生管理者としても、事業を統括する立場でも、自然体で（普通の感覚で）関わりを持つことが、健康管理には必要だと考えます。

3. 安全衛生部門を活かす　81

(4-2) 健康管理部門の役割

　法令で定められたことを含めて、専門的な知見を活かしながら従業員が健康で働けるようにすることが健康管理部門の役割です。従業員の心身の健康状態を改善していくことができれば、理想的です。ただし、健康管理に関する一般的な評価は早期発見・早期治療に重点が置かれており、データ的に成果を把握しにくい予防的な取り組みについてはあまり注目されていないのが実態でしょう。

　事業場にとっての健康管理の位置付けと目標をはっきりさせて、健康管理部門が実施すべきことを整理させることが必要だと考えます。簡単に言えば、他部門と同じように健康管理部門にも業務を遂行させるということになります。健康管理は、継続的に取り組まなければ成果が見えないことがあるという意味では、戦略的な発想が必要です。

　ストレスチェックなど、職場のマネジメントに関わる課題が多くなってきていますが、健康管理の専門家が職場マネジメントについて十分な経験や知見があるとは限りません。文献や研修から得た知識の適用に拘って事業場の実態に合わない指導などを行うことがないようにすることも大切です。関係部門（人事部門など）と連携させて、事業場として実効の上がる取り組みができるようにさせたいものです。

(4-3) 健康保険組合との連携

　健康保険組合との連携についても確認しておくといいでしょう。健康管理部門からの発信と、健康保険組合からの発信に一貫性がなければ、従業員は戸惑うことになります。健康保険組合は、会社とは別法人ですので、慎重に考えることが必要な面もありますが、疾病予防などについては連携して取り組むことができます。健康保険

組合に協力を求めるだけでなく、健康管理部門が健康保険組合の事業に協力するという視点もあってもいいと考えます。この場合、健康管理部門の人件費の一部を（協力する内容に応じて）健康保険組合に負担してもらうことも可能です。

（4-4）健康管理への期待

　健康管理、特に予防的に取り組む健康保持増進は、安全管理における安全行動の問題と似たところがあります。「事業場の風土・文化が影響を与える」、「長いスパンで成果を見通すことが必要になる」、「個人差が大きい、個人差を少なくするためには個人任せにしておいては全体としての成果が表れにくい」、「事例的に成功例・失敗例が紹介される」、「コストパフォーマンスが分かりにくい」などが挙げられます。しかし、従業員のことを理解しての取り組みは、安全の取り組みと相まって従業員の前向きな気持ちを引き出すことになります。相乗効果も期待できます。

（4-5）産業医等を活かす

　一般的にということですが、事業場関係者と産業医の間のコミュニケーションが不足していることが多いように思います。従業員が健康に前向きに仕事に取り組めるようにするという点で同じ方向を向いて考えているはずですので、しっかりと意思疎通を図るようにすることが必要です。医師に対しては、専門家として尊重することは大切ですが、祭り上げるような対応は好ましくありません。前述しましたが、総括安全衛生管理者も、安全衛生委員会の場とは別に、定期に従業員の健康管理に関して、産業医と話をする場を設けることを勧めます。身近で頼りになる存在としておきたいものです。

　産業医が関わることとして、健康診断、長時間労働従事者の面接

指導、ストレスチェック（心理的な負担の程度を把握するための検査）などのいわゆる健康管理だけでなく、健康保持増進、さらには作業管理や作業環境管理などの労働衛生管理もあります。事業場としては、産業医を「うまく活用する」という視点も必要です。

(4-6) 医師としての産業医

　産業医は医師ですが、法令上は「産業医」と「医師」の役割は違います。事業者は、産業医に従業員の健康管理・衛生管理（法令上は「労働者の健康管理等」）を行わせる義務があります。大ざっぱに言えば、従業員の健康管理について総括的な立場でマネジメントすることが、法令が求める「産業医」の役割で、健康診断等の実務を担うのが「医師」ということになります。専属の産業医を選任している事業場などでは、産業医が法令上の医師として職務を担っている場合もあります。混乱しがちですので、担当部門（衛生管理者等）がしっかりと理解して、産業医としての役割を発揮させることが必要です。

(4-7) 産業医等の勧告権限

　「産業医は、…、事業者に対し、労働者の健康管理等について必要な勧告をすることができる」（労働安全衛生法）とされていることに対して「事業者は、前項の勧告を受けたときは、これを尊重しなければならない」（労働安全衛生法）とされ、「産業医が…勧告、指導若しくは助言をしたことを理由として、産業医に対し、解任その他不利益な取扱いをしないようにしなければならない」（労働安全衛生規則）とされています。だからといって産業医がすべてにおいて正しい判断をし、発言するとは限りませんので、気になることがあれば、真偽を確かめたり、再確認・再検討を依頼したりするこ

とが必要です。産業医も、より的確な（従業員と事業場に有益な）業務をしたいと思っているはずですので、その気持ちを支えることにもなります。このような位置付けの産業医ですので、資格（法令に基づく研修修了などの要件）さえあれば、誰でもいいということでないことも明らかです。

（4-8）産業医を育てる

特に経験の浅い産業医は、企業における従業員（経営者、管理者を含めて）の発想の仕方、仕事のすすめ方、事業場文化（事業場における常識）など、従業員にとって当たり前のことに対して十分な理解がないこともあります。他の従業員と同様に育てるという意識が欠かせません。医師であり、産業医であるという立場を尊重しながらも、的確な指導ができるようにするには、アドバイスや支援が必要です。社員として産業医を採用した場合は、他の新入社員（期中採用社員）と同じように新入社員教育を受講させることを勧めます。

また、現場を見る（出る）ことを嫌がる産業医がいますが論外です。現場（従業員が仕事をしている場所・場面）を知ってこそ産業医として的確な仕事ができることになります。診察室で患者を診るというスタンスの産業医であれば、改めてもらう必要があります。

（4-9）産業医以外の健康管理スタッフ

産業看護職（保健師、看護師）、精神保健福祉士、栄養士、あるいは運動指導する人材が、事業場の健康管理をそれぞれの立場で担っているかもしれません。社員である場合は、他の社員と同様に事業場として育成指導することが必要なことは忘れないようにしたいと思います。ただし、多くは国家資格を前提に業務を担っていま

3. 安全衛生部門を活かす　85

すので、その専門性を大切にすることも必要です。医療専門家とし
て国民の健康に寄与したいと思って勉強し、専門家になった人たち
が大半です。専門家として継続的に育成することになりますが、一
般の社員と違って社内だけでは専門性に磨きを掛けることができま
せんので、この点は注意しなければなりません。

　業務（健康管理）の判断が専門領域だけからの判断になりがちな
こと、医療従事者として個別対応に長けていても事業場のマネジメ
ントとしての健康管理施策の立案などは苦手なことがあります。ま
た、医療の世界ではパラメディカルとかコメディカルと呼ばれたり
していますが、医師を頂点とするヒエラルキーの考え方の中にいて、
医師が絶対という考え方を持っていることも少なくありません。こ
のようなこともあるかもしれませんが、専門家としての力をうまく
事業場全体の健康管理に活かしていきたいと思います。

（4-10）健康管理の実態を摑む

　健康診断・ストレスチェックの結果や医療費（健康保険組合デー
タ）から断面での従業員の健康状態を把握することができますが、
他の事業場との比較とか、時系列の比較は慎重に行う必要がありま
す。他の事業場とは生活環境の違い（居住地域差なども）や業務の
違いがありますし、時系列の比較は年齢構成の変化を含めた母集団
の変化の問題があり、単純に比較はできません。特に性差や年齢構
成を加味しないデータは比較できません。また、長時間労働の負荷
については、労働時間（時間外労働時間や休暇の取得状況）だけで
課題を判断することはできません。このような場合を含めて、健康
管理部門が従業員の健康管理上の課題を一般的な基準だけを当ては
めて判断や指導をしないようにしなければなりません。産業医との
コミュニケーションが欠かせない問題という面もあります。

なお、健康に関する情報は、別項で記載しました通り、個人情報として管理が必要なことがありますし、本人を含めた不利益取扱いに結び付かないようにすることも必要になります。

（4-11）感染症に対する考え方
　新型インフルエンザなどの感染力の強い感染症のパンデミック（世界的感染流行）に備えることがBCPの観点でも重要だと認識されています。BCPの対象となる事態の中でも、感染症は特異な面があります。新型インフルエンザでは、事態が突然発生するというよりも、時々刻々と事態が広がり、そのピークが一定期間続き、ピークを過ぎると死亡などの人的被害がない限り、自然と回復の方向に向かっていきます。第二波、第三波と繰り返しての発生の懸念もありますし、特定の地域で影響が生じるのではなく、世界中で連鎖的に影響が広がるという特徴があります。発生した事態が設備等にダメージを直接与えることはありません。
　流行が始まった時に、従業員への感染を広げない対策が必要になります。操業を続けるために感染者を出社させると、感染を広げて事業へのダメージが大きくなりかねません。事業を最少の人員で維持するための方策を考えておいたり、事業場内での感染予防策を準備しておくことになります。感染症対策は、従業員を大切にするという視点が事業継続のために不可欠で、正しい知識を従業員一人ひとりにしっかりと伝えておく（教育しておく）ことが必要です。的確な感染症対策のためには、従業員一人ひとりの適切な判断と行動が欠かせません。
　事業場内感染を広げないために、予防的に欠勤することを求めた従業員の勤怠の扱いをどうするかを考えておくことが、感染時の従業員のより的確な行動を誘導することになります。他の災害等の

BCPとは違った視点での取り組みが必要になる面があります。健康管理部門には、対応の中核として、専門知識を活かした役割を発揮させることが必要です。

4. 事業場組織を活かす

　日頃の安全衛生管理は、各職場の管理監督者を始めとした、事業場内の関係各部門が取り組むことになります。指揮命令系統で言えば、事業を統括する立場にある総括安全衛生管理者が、安全衛生部門をスタッフ部門として活かしながら、事業場組織全体の安全衛生管理を統括することになります。

(1) 組織の課題

　適切な安全衛生管理を実施できる組織体制になっているか確認してください。安全衛生部門だけでなく、すべての部門に関してです。安全衛生管理は、仕事の一部であり、独立したものではありません。専任者を配置することや職務分担を決めることも必要ですが、最も大切なことは仕事の中に安全衛生管理を織り込むことができる体制であることです。部単位を例に挙げれば、部の安全衛生管理の責任者は部長であり、課の責任者は課長、係は係長という位置付けを明確にして、仕事の中に安全衛生管理を組み込むことになります。

(2) 管理者（部門責任者）が要

(2-1) 管理者を指揮する

　安全衛生管理は、会社に対する信頼と管理者（課長、部長など）に対する信頼がベースにあるのではないでしょうか。多くの現場第一線の従業員は、所属する部門の管理者の姿勢を見て（見極めて）、

4. 事業場組織を活かす　89

判断し行動します。表面的で形式的な安全衛生管理をすすめる管理者の下では、「いい仕事」をすることにはなりません。安全衛生管理は、職場マネジメントの基本であり、入口だと考えます。管理者を指導できるのは、その上位者になり、事業場内でのトップは事業所長（総括安全衛生管理者）です。

組織規模が大きい場合や労働災害リスクが大きい場合は、安全衛生面で管理者を補佐するポストを設けることが必要なことも多いと思われます。安全衛生管理の専任者を置くとか、補佐する立場の管理者、管理補佐職、上位監督者等の中から管理者を補佐する役割を担う者を決めて、組織の安全衛生管理を統括させることも考えられます。

(2-2) 管理者を支える

大半の総括安全衛生管理者は、部門責任者としての管理者を経験していると思いますので、自分の経験を踏まえて指導しやすい対象になります。管理者は、基本的には、事業所長（総括安全衛生管理者）の意向に沿って組織のマネジメントを行おうとするはずです。自分が、その立場にいた時のことを思い出して、どのように指導したり、サポートしたらいいのか考えてみてください。ただし、同じ管理者であっても、それぞれ個性があり、得意とするマネジメントスタイルは違いますので、自分自身の経験だけで、「自分はこうしてきたから、できるはずだ」ということが必ずしも通用しないことは忘れないようにしなければなりません。

(2-3) 職場に向き合う管理者

職場の組織を所管する管理者の姿勢・言動が、現場第一線の監督者、さらには一人ひとりの従業員の判断と行動に影響していきます。

姿勢・言動を通して部下（従業員）のことをどのように考えているのか、何を優先して考えているのかが伝わることになります。「総括安全衛生管理者がこう言っているから」とか「社長がこう言っているから」という発言は、従業員から見ると「上を見て仕事をしている」と受け止められることになりかねません。管理者は自分の言葉で語らなければいけません。総括安全衛生管理者や社長の意向を踏まえるのは当然として、その意向を踏まえ、かみ砕いて担当する職場に当てはめて、自分自身の考えを前面に出して自分自身の言葉を使って安全衛生管理をすすめるという姿勢が大切です。職場の実態に合った（実態を理解した）安全衛生管理を、従業員の一人ひとりの顔を思い浮かべてすすめるということになります。

（2-4）他部門や部下とのコミュニケーション

　管理者は、安全衛生管理のことだけを担当する訳ではなく、組織としての業務遂行と業績に責任を負っているはずです。安全衛生管理に必要な細部のことまで熟知することはむずかしいかもしれませんが、要点は押さえておく必要があります。

　事業場の安全衛生部門（安全管理者、衛生管理者等）をうまく利用するのも管理者の重要な役割です。逆に言えば、安全衛生部門は各部門の管理者を支える役割があるということになります。また、管理部門や技術部門などと連携して安全衛生管理をすすめる糸口を作る面でも管理者ならではの役割があります。

　また、上司（総括安全衛生管理者等）、部下とコミュニケーションを取り、他部門との連携の下に的確な判断をすることが管理者として欠かせません。労働災害防止という観点もありますが、職場マネジメントの基本と言ってもいいでしょう。

(2-5) さすがと思われる

　管理者（部門責任者）が、所管する組織の従業員から「さすが」と思われるようにしておくことも欠かせません。職場の安全衛生管理について、予算面を含めて管理者にふさわしい権限を与えておく必要があります。直接安全衛生管理に関係なくても、職場の慰労などに組織として使える予算もあってもいいかもしれません。職場の安全衛生管理に必要な予算を予め確保するという考え方も必要ですが、加えて表彰や認定に合わせた副賞のような形での事業場としての予算付与もあります。ただし、使い方によっては、課税対象になることもあるかもしれません。

(2-6) 監督者をリードする

　仕事に厳しい管理者であることは欠かせませんが、厳しさが自己の利益（評価）を得るためのものとか、合理性のない厳しさ、感情的な厳しさでは、仕事の成果にも繋がらないことが多いでしょう。短期的に成果が上がるように見えても、その場限りの対応をすることになり、後戻りすることになりかねません。監督者をリードしながらも、監督者自身の努力を評価することが組織、特に安全衛生管理面で組織を的確に動かしていくためには不可欠だと考えます。そのためには、監督者の声を聞く機会を設けることが必要です。会議ではなく、個別に「場」を設けることが第一歩で、その一歩を踏み出すことができれば、比較的容易に日常的な情報共有が可能になっていきます。

(2-7) 管理者を育てる

　管理者は、部下を使うことが仕事だと言ってもいい面があります。安全衛生管理の講演会で、受講者の事業場管理者から「現場をその

気にさせるにはどうしたらいいか」などという質問を受けることがありますが、安全衛生管理の問題ではなく、マネジメントの基本が分かっていないということになります。なお、マネジメントが的確でなくても日常の実務は回っていきますし、多少のトラブルがあっても「うまく」処理されることが大半です。

事業場として管理者の育成プログラムが適切かをよく確認してみましょう。安全衛生管理の基本知識やテクニカルな対応についてだけでなく、大切なことは職場マネジメントを的確に実施できるようにするという視点です。管理者としてのノウハウの伝授や幅広い知識を持たせる教育や研修に十分時間を掛ける必要があると考えます。

若い新人の管理者とベテランの管理者では、マネジメント力が違うことがあります。総括安全衛生管理者として、うまくリードすることが必要です。若い管理者を育てる手段として、他の管理者（同じ立場にいる管理者）と交流させることは有益でしょう。同じ立場にいる管理者同士だと、相談もしやすく、実践的なマネジメント手法も学ぶことができます。

(3) 監督者の意欲

(3-1) 現場のキーパーソン

総括安全衛生管理者が現場第一線の監督者を直接指揮したり、指導することは少ないと思います。一方、監督者と接触する機会は少なくないはずです。その時に、事業場の安全衛生管理の責任者としての姿勢を示すことが必要です。「この人（総括安全衛生管理者）は我々のこと（現場のこと）を分かっている」「我々のことを支えてくれている」と感じられるようにしてください。

4. 事業場組織を活かす　93

監督者が、操業要員の一員としての仕事もする場合と、監督業務が主体である場合では、期待する役割も違うことになりますが、共通していることは、現場第一線の従業員とのコミュニケーション機会が多い存在として果たす役割です。日々の従業員の状態を確認しながら、職場として業務を円滑に遂行するためのキーパーソンと言ってもいいでしょう。部下に業務に関連した情報を伝えて指示し、部下の健康状態に気を配り、仕事中などに声を掛け、励まして、率先垂範して、実績を集約して、職場の業務遂行を担い、上司や関係職場との間に立って調整したり、・・・ということになります。

　監督者に期待することは大切ですが、「優秀だから監督者にした」「監督者だったらこれぐらいできるはずだし、できなければ監督者じゃない」などという考え方は、「気合い」で物事が片付くと考えるのと同じで、適当ではありません。監督者の力量もさまざまです。また、監督者は指導する立場にあるため、「指導し、指導に従わせる」ことが仕事と考えることが多くなりますが、「部下がどう考えているのか」を聞いたり、「部下の話を聞く」ことが十分できていないことがあります。場合によっては、「聞く」ことだけで、話す側（部下）の問題解決に繋がり、職場でのリーダーシップの発揮に繋がることも少なくありません。このような姿を、事業場の監督者像として持っておきたいと思います。

（3-2）監督者を支える

　このような監督者を支える仕組みができているか確認しておいてください。上位の監督者や職場管理者が支えなければなりません。監督者は、達成すべき課題と第一線の従業員との間にあって負荷の大きい立場です。安全衛生管理についても重い責任を感じているはずです。労働災害は、目の前にいる部下など自分たちが被災者にな

る可能性があるという立場にいることを十分踏まえて支えることが
必要です。

　上位にいる人たちは、職場マネジメントの状態を現場でしっかり
と見て、監督者に対する日常的なサポートを行う必要があります。
個別に話を聞く、話をする時間を設けることも大切です。仕事の仕
組みや分担を変えた方がいいこともあります。

　監督者としてのノウハウの伝授や幅広い知識を持たせる教育、研
修に十分時間を掛ける必要もあると考えます。OJTや「先輩の背中
を見て」では足りないところがあるはずです。監督者は、その能力
が認められたから監督者に任命されますが、部下管理（職場マネジ
メント）に優れているとは限りません。もちろん、とても長けてい
ることもあります。

　教育や研修の他に、監督者同士の交流も監督者の育成には有用で
す。自分と同じ立場にいる人から学ぶことは少なくありません。

⑷　すべての従業員を対象として

　新人からベテランまでが、それぞれの立場で安全衛生管理に関わ
ることになります。経験や立場で見える課題も違いますので、縦系
列ですべてを考えるのではなく、全体の力を活かす視点で職場のマ
ネジメントをすすめるようにしてください。

　派遣社員、パート社員、協力会社（従業員）からの声や、女性従
業員、外国人従業員、障害を持つ従業員、病気を抱える従業員など
それぞれの立場からの声を吸い上げる仕組みも必要でしょう。

　なお、現場第一線の従業員に届く総括安全衛生管理者からのメッ
セージは、言葉を慎重に選んで、真意が伝わるようにすることが大
切です。

4. 事業場組織を活かす　　95

(5) 管理部門・技術部門を動かす

　安全衛生管理は、作業を行う現場組織の取り組むべきものといった考えを持ちがちですが、管理部門・技術部門が現場第一線の仕事を決めている面があることを忘れないようにしてください。管理部門・技術部門は、事業場の課題に総合的に対応すべく、仕事の枠組みを決めていくことになります。このような管理部門・技術部門が安全衛生管理のことを考えて企画するか否かで、現場第一線での負荷が変わります。営業部門なども、現場第一線の従業員が安全に仕事ができることを前提にして受注し、顧客の要望に応えるという発想を持っておくことが望まれます。

　管理部門・技術部門などは、安全衛生管理に関心が薄いことがあります。事業所長（総括安全衛生管理者）の方針を受けて、業務の判断を行うことになりますので、安全衛生部門との連携を含め、現場第一線の安全な作業について十分検討しながら仕事をすすめるように、常日頃から指導しておくことが必要です。管理部門・技術部門などのスタッフに対して、法令を含めた安全衛生管理についての教育を体系的に行うことも重要ですので、確認しておいてください。

(6) 労働組合と連携する

　労働組合（従業員代表）とは、安全衛生委員会の場で安全衛生管理について協議（意見交換）する機会があります。安全衛生委員会以外の場でも、安全衛生管理について話題にして、労働組合の立場での安全衛生管理支援を誘導するようにしてください。結論を出すとか、依頼するということでなくても、「話題にすること」自身が

総括安全衛生管理の姿勢を伝えることになり、安全衛生水準向上に結び付いていくことになります。労働組合を通して組合員（従業員）の声（本音）を吸い上げることを含めて、職場の実態に関する意見を聞くことも欠かせません。

労使トップが一緒に職場確認（巡視）をしている事業場（会社）があります。受け入れる職場がどのように受け止めるのかを考えてすすめることが大切です。ポーズだけだと受け止められるとマイナス影響があります。逆にトップが一緒に現場に出向くことが、実質的に職場の安全衛生管理を改善することに繋がるということになれば、その効果はとても大きいでしょう。

労働組合は、組合員（従業員）の代表です。事業の運営には、労働組合の理解を得てすすめることが欠かせないと思います。労働組合の意見や見方を正面から受けて止めて、事業場の安全衛生管理に活かしていきたいものです。

(7) 協力会社を指導・支援する

(7-1) 協力会社との関係

協力会社を事業のパートナーと考えるかどうかで、協力会社の安全衛生管理への指導・支援の仕方は変わるでしょう。協力会社という組織だけでなく、そこで働く従業員にも伝わっていきます。

協力会社への安全衛生関係の指導・支援は、大きく分ければ、個別の会社に対する発注者・元方事業者と請負会社という関係でのものと、協力会という協力会社組織を通して実施することがあります。さらに加えるとしたら、同じ事業場内で仕事をする人の安全と健康の問題としての指導・支援ということになります。

なお、以前に偽装請負問題が注目されて、協力会社従業員の不安

全な行動や状態が見られても「その場で指導してはいけない」というように受け止められて一部で混乱した時期がありました。目の前に危険な状態が迫っている時に、声を掛けたり、危険を回避するために措置することに躊躇する必要はまったくありません。人としての常識に従って対応することです。

（7-2）法令で求められる措置

　法令で規定された総括安全衛生管理者の職務には、請負契約に従って業務を行う協力会社の安全衛生管理は対象になっていません。総括安全衛生管理者としてというよりも、事業を統括する立場で協力会社の指導・支援について考えることになります。

　適切な請負契約の下でということは前提ですが、協力会社の安全衛生管理についてどこまで関与するのか悩ましいところがあると思います。請負作業を含めて作業が混在して（錯綜して）行われることが多い建設業等は当然のこととして、他の業種でも法令に基づく措置を含めて協力会社の安全衛生管理に関わることになります。

　特定事業（建設業等）以外の業種でも、法令には、「一の場所」という考え方の規定があります。「製造業その他・・・の元方事業者は、その労働者及び関係請負人の労働者の作業が同一の場所において行われることによって生ずる労働災害を防止するため・・・必要な措置を講じなければならない」と法令に規定されています。注文者としても「関係請負人の法順守指導」「化学設備や特定化学設備の分解や内部に立ち入る作業」を発注する場合の措置、「違法な作業指示の禁止」などの規定もあります。適切な対応ができているか、必要に応じて、安全衛生部門に確認させてください。

（7-3）協力会社に求める

　協力会社従業員の安全衛生管理の責任は、第一義的には協力会社にあります。安全衛生管理は注文者・元方事業者が実施するだけでなく、協力会社（請負先）自身が自らの従業員の安全衛生管理に真剣に取り組まなければ実効が上がらないことは間違いありません。請負契約の中に関係法令と事業場規程の順守と「適切な安全衛生管理」に関する条項を織り込むことも必要です。

　事業場構内の協力会社には、事業場構内に常駐して継続的に請負作業を行う会社、常駐はしていないが特命の発注を受けて請負作業（たとえば設備補修など）を継続的に行う会社、特殊な作業、機械設備の納品、建設などのスポットの仕事を行う会社などがあります。関わり方は違いますが、発注する業務に応じて、安全衛生管理に関する情報提供や安全衛生施策の共有、教育等の支援、安全衛生管理に必要な負担の承認などが必要だと考えます。安全衛生管理が的確に実施できない協力会社は、自社のマネジメントが適切にできないこととほぼ同じですので、発注先としての適格性の問題と考えることもできます。スポットの仕事を発注する場合も、関係法令と事業場規程の順守を含めた安全な業務遂行などを契約条件にしておきたいものです。

　厚生労働省から「製造業（造船業を除く。）における元方事業者による総合的な安全衛生管理のための指針」（通達）が示されています。細部の確認は安全衛生部門に任せるとしても、法令などの考え方が分かりますので、事業を統括する立場で概略（次頁枠内）は理解しておくことが必要です。

4. 事業場組織を活かす　99

「製造業（造船業を除く。）における元方事業者による
総合的な安全衛生管理のための指針」（通達）抜粋

第1　趣旨及び適用範囲

　1　本指針の趣旨

　　製造業においては、近年、業務請負が増加し、これを背景とした労働災害が発生している。また、関係請負人の労働災害の発生率は、元方事業者のものと比較して一般に高いところである。

　　これら関係請負人は、設備の修理、製品の運搬等危険、有害性の高い作業を分担することが多く、さらにその作業場所が元方事業者の事業場構内であることから、関係請負人の自主的な努力のみでは十分な災害防止の実をあげられない面があるため、労働安全衛生法においては、…今般、元方事業者の労働者及び関係請負人の労働者の作業が同一の場所において行われることによって生ずる労働災害（以下「混在作業による労働災害」という。）を防止するため、…元方事業者に作業間の連絡調整の実施等が義務付けられた（＊1）ところである。

　　…元方事業者による関係請負人も含めた事業場全体にわたる…「総合的な安全衛生管理」…を確立するため、元方事業者及び関係請負人のそれぞれが法令に基づき実施しなければならない事項及び実施することが望ましい事項を併せて示した…。

第2　元方事業者が実施すべき事項（項目のみの抜粋）

　1　総合的な安全衛生管理のための体制の確立及び計画的な実施

　　⑴　作業間の連絡調整等を統括管理する者の選任等

　　⑵　安全衛生に関する計画の作成及び実施

　2　作業間の連絡調整の実施

　3　関係請負人との協議を行う場の設置及び運営

　4　作業場所の巡視

　5　関係請負人が実施する安全衛生教育に対する指導援助

　6　クレーン等の運転についての合図の統一等

　7　元方事業者による関係請負人の把握等

　　⑴　関係請負人の責任者等の把握

　　⑵　労働災害発生のおそれのある機械等の持込み状況の把握

8　機械等を使用させて作業を行わせる場合の措置

9　危険性及び有害性等の情報の提供

10　作業環境管理

11　健康管理

12　その他請負に伴う実施事項

　(1)　仕事の注文者としての配慮事項

　(2)　関係請負人及びその労働者に対する指導等

　(3)　適正な請負

（＊1）労働安全衛生法（30条の2）抜粋

　製造業その他政令で定める業種に属する事業（特定事業を除く。）の元方事業者は、その労働者及び関係請負人の労働者の作業が同一の場所において行われることによって生ずる労働災害を防止するため、作業間の連絡及び調整を行うことに関する措置その他必要な措置を講じなければならない。

＜労働安全衛生規則（見出しのみの抜粋）＞

　643条の2　作業間の連絡及び調整

　643条の3　クレーン等の運転についての合図の統一

　643条の4　事故現場の標識の統一等

　643条の5　有機溶剤等の容器の集積箇所の統一

　643条の6　警報の統一等

(7-4)　すべての関係先に

　部品などの生産を委託するなど、事業に直結する仕事を分担している事業場外にある協力会社や納品会社等もあると思います。事業場の外ですので、安全衛生管理について関係がないとの判断もあると思いますが、二つの点で無関心でいることは適切ではないと考えます。一つは、サプライチェーンとしての結び付きがある協力会社等については、事業場のBCPの中でも位置付けているはずですが、自然災害などのへの対応だけでなく、日常的に安定的な事業が行わ

れることが欠かせません。安全衛生管理の面でも支援などが必要なこともあります。もう一点は、企業の社会的責任の一環として位置付けて関係先の安全衛生管理を支援するという視点です。

請負契約ではありませんが、資材購買先に対しても、事業場の安全衛生管理の姿勢を示し、すべての関係先が高い水準の安全衛生管理を実現して、延いては安定した事業運営にも結び付けていきたいものです。購買契約に努力すべき事項（期待する事項）として安全衛生管理を掲げる方法や、事業場の安全衛生方針を契約に添付して周知させる方法などがあります。

（7-5）安全衛生管理の接点

原材料や半製品の搬入、製品の搬出などでトラックやトレーラー、船舶などを利用することが多くありますが、荷役作業での労働災害は少なくありません。運送業務従事者を含めた安全対策を考えておく必要があります。厚生労働省から「陸上貨物運送事業における荷役作業の安全対策ガイドライン」が出され、関連のパンフレット（厚生労働省、陸災防）も発行されています。搬入・搬出は、事業の入口と出口での作業ということになります。責任の所在という観点は別にしたとしても、円滑に安全に荷役作業が行われることは、円滑な操業にも結び付きます。

（7-6）支援と管理

協力会などの運営に支援が必要なこともあります。協力会社としてのあるべき安全衛生管理をチェックリストのような形で示して、評価して、より高いレベルの安全衛生管理を目指せるようにするなどの施策面の支援も考えられます。人的・資金的支援も検討対象になります。請負契約などで、管理費などとして安全衛生管理関係の

費用が織り込まれることがありますが、額の妥当性や使途の確認などが必要なこともあります。

　協力会社に対する安全衛生管理に関する姿勢は、協力会社の安全衛生管理だけに留まらず、事業場内の従業員の安全衛生管理に関する考え方にも影響を与えます。協力会社の従業員であれば、「ケガをしても、病気になっても、それぞれの会社の問題だから関係ない」という姿勢であれば、事業場の従業員の安全意識は上がらないでしょう。リスクマネジメント（コンプライアンスなど）の意識にも影響を及ぼします。

　なお、スポット作業として発注した目に付きにくい場所での作業などで、年少者就業など違法な就業があって災害に結び付いた例が報道されたりしています。二次、三次の請負会社で不適切な雇用（アルバイトなどでの年齢詐称）がされていたことになります。当該の従業員の安全と健康のためにも、事業場のコンプライアンスのためにも、適切な発注管理が必要です。

⑻　関係会社を指導・支援する

　企業グループの連結経営の視点で関係会社（グループ会社）管理が必要なことは言うまでもありません。安全衛生管理についての具体的な指導・支援の方法を例示しておきます。安全衛生の管理体制も規模に応じたものとなり、規模の小さな会社には指導や支援が必要なことが少なくありません。事業場の課題というよりも、会社としての課題ということになりますが、安全衛生管理の実態がある事業場の安全衛生部門が指導や支援の実務を分担することも必要でしょう。関係会社同士の交流などは、関係会社間で事務局を持ち回りにする方法もあります。

4. 事業場組織を活かす　　103

- 安全衛生方針・計画等の周知（事業場方針等を説明など）
- 安全衛生教育研修（事業場内教育受講の開放、関係会社向け研修の開催など）
- 規程・基準・ガイドライン・チェックリスト等（あるべき姿が分かる資料）の提供
- 情報提供と対応方針説明（法改正等を含めた安全衛生管理に関わる（最新）情報の共有）
- 相談窓口機能（実務上の問題解決を支援）
- 訪問指導（関係会社事業場の現場を訪問して指導、課題のある会社には重点的に指導）
- 関係会社同士の交流の企画、親会社との交流（親会社現場を見て学ぶ機会を提供）
- 技術面での支援（設備の新設・改造などでの審査、設計支援など）
- 監査（リスクマネジメント等の一環としての業務監査など）

　なお、支援の仕方によっては税務面での対応が必要になることがありますので、必要に応じて確認しておいてください。

5. 職場を見る

　総括安全衛生管理者として職場を見る時は、個々の安全衛生問題について「指摘」するというよりも、安全衛生管理面を含めて事業が円滑にすすめられているかを大局的に把握して、第一線の従業員の前向きな気持ちを後押しする機会にするといいと考えます。現場の声を聞き、目で見て、感じてください。

(1) 見極めたいこと

　総括安全衛生管理者の意向を受けた安全衛生部門や部門責任者のマネジメントが職場の安全衛生管理に反映され、その水準向上に結び付いているかを確認してください。不十分だと感じるところがあれば、関係者に確認して、よりよいマネジメントになるよう指導します。

　職場の安全衛生状態に関しては、安全衛生の基準に適合しているかをチェックするというよりも、作業方法と作業環境が「いい仕事」をするために適切なのかを確認するつもりで見た方が、全体の課題が見えてくるでしょう。個々の設備や作業などで気になるところがあれば、安全衛生部門、あるいは所管する部門責任者に確認させるといいでしょう。もちろん、細部のことでも気付いたことは伝えることが大切です。チェックリストで確認するようなことは、安全衛生部門などに任せておけばいいと思いますし、任せておけるような安全衛生部門などであって欲しいと思います。

　職場を見て課題を感じたら、他の職場がどのようになっているの

か、当該の職場固有の問題なのか、特定の部門に共通する課題なのか、事業所に共通の課題なのかを確認して対応を考えることになります。

いずれにしろ、職場を見た時には、事業場の状態をより良くするための前向きな取り組みとなるように関係者を指導することになります。たとえ課題があったとしても、否定的な（「こんなことはダメだ」というような）ことを強調し過ぎないようにした方が、職場の積極的な姿勢を誘導することになると考えます。

なお、多くの労働災害は、目に付きにくい場所や時間帯に発生しやすいということも頭に入れて、現場第一線の従業員から話を聞いたり、現場の案内をしてもらうと、安全衛生上の課題が見えてくることがありますし、現場の苦労を知ろうとする姿勢が従業員の気持ちを摑むことにも繋がるでしょう。

(2) 機会をつくる

(2-1) 巡視の機会

定期的な総括安全衛生管理者巡視が設定されている現場確認もあるかもしれません。筆者は、「巡視」という言葉に違和感があります。「おい！コラ！」と警らしている訳ではありません。海外では、Audit や Observation という言葉が用いられていることが多いようです。Patrol ではありません。言葉の問題は別にして、総括安全衛生管理者が現場に出向く機会として「巡視」は大切です。

安全衛生関係だけでなく、〇〇巡視（たとえば、品質巡視）といった形で現場へ出向く機会があると思いますが、こういった時こそ、総括安全衛生管理者として安全と健康に対する姿勢を示す機会です。本来の目的に沿った確認に合わせて、安全衛生管理の視点も持つ

て現場を確認すると、総括安全衛生管理者の「安全に対する思い」を現場が感じることになります。

(2-2) ふらっと

「巡視」などの公式の場だけでなく、職場の実態を肌感覚で掴むためには、現場にふらっと（非公式に）出向くことが一番いいかもしれません。気付きがたくさんあることは間違いありません。

前述しましたが、大原記念労働科学研究所の創設者の大原孫三郎氏（倉敷紡績㈱（クラボウ）社長（当時））は、今から約100年前の紡績業が隆盛の時代に、研究者（初代所長になる暉峻義等）と共に、午前1時に予告せずに現場に行き、女工が働く様子を見て、課題があることを自らの目で確認して、適切な「労働」のあり方を科学的に検討するために研究所まで作りました。日本で最初の労働科学に関する研究所（現在の大原記念労働科学研究所）です。

総括安全衛生管理者が、曜日を決めて一人で現場に出向いて、課題が見られた場合に安全衛生部門に伝えるという事業場もあります。一人ではなく、その都度、日頃安全衛生管理に直接関わることの少ない管理部門や間接部門の部長や課長に声を掛けて、一緒に出向いている総括安全衛生管理者もいます。一人で出向くよりも、人数分だけ気付きが増えるはずですし、より客観的に課題が見出せたり、部下である部長や課長の育成に繋がる面もあります。いずれにしろ、総括安全衛生管理者の動きに関係者は関心を持っており、範を示すということにも繋がります。

(2-3) 見せられる

総括安全衛生管理者の「巡視」を受け入れる現場では、「いいところ」を見せたいと思って説明したり、現場を案内することが多い

と思いますが、それはそれで受け止めることも大切でしょう。一方で、過剰な受け入れは、安全衛生管理が「見せる」ためのものにしていく可能性がありますので、コントロールすることが必要な場合もあります。

(3) 報告を聞く

　自ら情報を収集するのではなく、部下から報告を得て、実態を把握することも多いはずです。安全衛生管理の状況などについては、安全衛生部門や各部門責任者から報告を受けることになります。さまざまなデータを示されることもあるでしょう。報告されたことから、マクロに見て事業場のマネジメントに有用な情報を抽出、あるいは再構成してその報告を活かすことになります。

　報告されたデータが、事業場の状態（実態）を代表するデータであるのか、限定的な範囲のことを示したデータであるのか判断が必要になります。統計手法を用いて整理されていても、手法の適用が恣意的になっている可能性もあります。大局的な視点で判断してください。

6. 安全衛生委員会を活かす

安全衛生委員会（以下、委員会と略記します）は法令に基づく会議で、原則として総括安全衛生管理者が議長を務めることになります。ただし、安全衛生管理を検討する場（会議）は委員会だけではありません。この章では、委員会の運営の考え方を中心に、総括安全衛生管理者との関わりで、安全衛生関係会議について考えていきます。

(1) 安全衛生委員会の考え方

法令に基づく委員会は、安全委員会、衛生委員会と別々に開催することもできますが、多くの事業場では安全衛生委員会として開催していると思います。

委員会は、審議したり、意見を述べたりする場で、決定する場ではありません。ましてや、多数決で決議する場でもありません。事業者として実施すべきことは、事業場として決めている権限基準と手続きに従い、事業者の責任で実施することになります。このような考え方は、労働安全衛生法制定時に「安全、衛生問題の本来的性格から、労使の意見の合致を前提とすることが望ましいという見解に基づ」き、「従来の過半数決定の規定を削除した」と厚生労働省通達でも示されています。

6. 安全衛生委員会を活かす　*109*

(2) 委員の指名

委員会の委員は、原則的に議長を除いて半数は労働組合（従業員代表）の推薦に基づいて事業者が指名することになります。ただし、「労働協約に別段の定めがあるときは、その限度において適用しない」（労働安全衛生規則）とされています。労働組合（従業員代表）とも相談してどのような委員構成にするのが、最も事業場の安全衛生管理をすすめるために適しているのか考えて指名することになります。事業場の規模によっても考え方は異なるはずです。

(3) 委員会の運営

事業場では会議時間が予め決められていることがありますが、議題に見合った時間で開催することが必要です。議題が無ければ短くすればいいですし、検討することが多ければ長くするという考え方です。委員会は、労使揃っての安全衛生管理についての検討の場ですので、委員、特に従業員代表の意向も踏まえて運用をすることも忘れないでください。

議題も法令に規定されている項目を含めていれば、幅広い議題にしても差し支えありません。委員会という場を有効に活かすために、柔軟な運営をした方がいい場合もあります。関係者の情報共有のための場としての活用も考えられます。

(4) 委員会の開催頻度

法令では、毎月1回以上開催することが求められています。定例

の開催に加えて、必要な時に開催できます。労働災害が発生した時などに、臨時の委員会を開催している事業場もあります。

(5) 安全衛生委員会だけに拘らない

　法令に基づく委員会がすべてではなく、事業場の安全衛生管理をすすめるために必要な会議等を設けることが可能なことは言うまでもありません。総括安全衛生管理者の意向を、各部門責任者に直接伝えて徹底するための会議なども考えられますし、協力会社を含めた会議なども必要ではないでしょうか。この他、安全衛生部門主催で、安全衛生管理について各部門と検討するための会議を設けている事業場が多くあります。規模の大きな事業場では、安全衛生委員会の事前打ち合わせの会議で、活発な意見交換が行われていることもあるようです。

(6) 実りある場に

　委員会を含め安全衛生関係の会議で議論し、確認したことは、事業場の安全衛生管理に活かさなければ意味がありません。法令では安全衛生委員会の議事概要の従業員への周知について規定されていますが、議論のための議論で終わってしまうことがないようにしたいものです。議論の結果を踏まえた施策の実施状況をフォローしていくということも、他の会議と同様に大切です。

6. 安全衛生委員会を活かす

III

安全衛生管理の見方

1. 前提としておきたいこと

　日本の安全衛生関係の法令は精緻に構成されていますので、安全衛生管理の基本となることは間違いありません。しかし、安全衛生管理を事業に活かすためには、もう少し知恵を出したいものです。総括安全衛生管理者が自ら具体的な方策について考えることはないかもしれませんが、関係者に本当に意味のあることは何かを考えさせて、実施していきたいものです。従業員にとっても、事業場にとっても、意味のあることをという視点です。

(1)　コピペしない

　安全衛生管理の取り組みは、それぞれの仕事、会社（事業場）、従業員に合ったものでなければ、実効が上がりません。教科書に書いてあったり、他社でうまくいっているからといって、コピーして取り入れることは勧めません。教科書や他事業場に学びながらも、事業場の状況を見極め、足元の課題への対応、中長期的な展望を持って、安全衛生管理の取り組み方を考えてください。実態に合った取り組みということになります。一気に理想的な状態を目指してもうまくいかないこともあります。着実に水準を上げていくという考え方も忘れないようにします。

　いずれにしろ、いいことは他事業場などから取り入れたらいいのですが、慎重に事業場の実態、実力、仕事のすすめ方などに合った形で取り入れたいものです。

(2) 事業場全体の課題として

　安全衛生管理の対象は、人、環境、原材料、器具、設備などに関わり、それぞれに固有の課題があります。関係する範囲は広く、的確な管理の要点を一言で示すことはできません。また、安全衛生に関わる判断は、経営者から現場第一線の従業員まで、それぞれの立場、役割などによって内容は異なる面があります。

　前述しましたが、忘れないようにしたいのが、管理部門（予算、調達、人事、営業など）や技術部門（生産、設備設計、保全など）の安全衛生管理に果たす役割です。ともすると、安全衛生に関しては現場第一線を管理する部門（操業部門など）の系列で管理し、現場第一線の人たちだけが活動するものだと思い込んでいる人がいますが、一面的な見方ということになります。総括安全衛生管理者は、事業場全体で安全衛生問題に取り組むように、事業を統括することを忘れないようにしてください。

(3) やる気

　安全衛生活動に関して「やる気を引き出す」という言い方を聞くことがあります。やる気は誰が持てばいいのでしょうか。現場第一線の従業員の「やる気」の問題で、「やる気がない」というのは、安全衛生活動に熱心に取り組まないということでしょうか。筆者には、原因は「やる気」とは別にところにあるように思えます。形式的なことや実効の上がらないことを現場第一線に押し付けているのではないでしょうか。もし「やる気」が気になるのであれば、他の業務についての現場の「やる気」に当てはめて、あるいは自分自身

の「やる気」について振り返って、「やる気」がどこから生まれるのか考えてみると答えが見えてくると思います。実効の上がらないことに対して「やる気」が出ないのは、現場第一線の従業員だけでなく、管理者でも、事業所長でも、経営者でも同じではないでしょうか。

(4) 時代とともに

　人の考え方は時代と共に変わります。100年前、200年前のことを想像しただけで、「変化がある」ことに気付きます。技術の進歩を含めた社会的背景に起因する面と、これを受けて事業場の仕事のすすめ方が変わってきていることに起因する面があると思われます。年齢差50歳であれば、生きてきた時代は半世紀違います。いろいろなことに対する考え方や意識（価値観）が違うのは当然です。ただし、ケガをしたくない、病気になりたくないという安全と健康に関する基本的な欲求は変わらないでしょう。ここに、いつの時代であっても変わらない安全衛生管理の基盤があります。「変わること」と「変わらないこと」があることを前提にして、事業場の中で、一体感を持って的確な安全衛生管理ができるように、階層や年齢層を超えたコミュニケーションを深めていくことが大切です。的を射た安全衛生活動は事業場内のコミュニケーションのレベルを上げるとともに、事業運営にもいい影響を与えることになります。

(5) 双方向のコミュニケーション

(5-1) 「言う」と「聞く」
　コミュニケーションがマネジメントの基本であることは言うまでもありません。「直属の上司とのコミュニケーションの多い職場ほ

1. 前提としておきたいこと　　*117*

ど、若手の熱意が高い」という調査結果もあります（日本経済新聞）。

コミュニケーションは双方向のものです。関係者が思いや向かっていく方向を共有したり、個々の課題への対応を支え合うことに繋がることが必要です。

上司（管理監督者）は、「聞く」ことより「言う」ことが大切で、特に指示を明確に与えることが重要だと考えがちで、このような考え方がコミュニケーションを阻害することもあります。これは、上司・部下の関係だけでなく、部門間の問題でもあります。たとえば、予算部門は予算管理についての他部門との関係で、人事部門は人事管理についての他部門との関係で、というように組織の存在を代表する立場が強すぎるとコミュニケーションを阻害します。それぞれ組織としての牽制力を働かせるということですが、強すぎると弊害も出てきます。「聞く」姿勢をとると、上司や部門としての存在価値を低くみられないかという不安を持ってしまう人もいます。

(5-2) 伝えたつもり

一方的な伝達に関しては、「伝えたつもりでも伝わっていない」「伝えたつもりでも正確に伝わっていない」「伝えたつもりでも意図が伝わっていない（理解されていない、誤解されている）」「伝えたつもりでも伝えようと思った範囲まで伝わっていない（途中でブロックされている）」などが課題とされます。これは、事業場や各職場の課題というだけでなく、協力会社との関係などでも重要な課題です。コミュニケーションは、多くの層を経て行われることもありますので、このような時は、特に注意して確実にコミュニケーションが取れる手段を考えることが必要になります。

いずれにしろ、コミュニケーションがうまくいかないとか、不足しているのは、努力が不足しているか、方向が一方向に片寄ってい

るからでしょう。事業場の安全衛生管理の基本として、コミュニケーションを位置付けて、管理監督者を指導することが大切です。しかし、「しっかりコミュニケーションをしろ！」と言ってもコミュニケーションが深まる訳ではありません。「切っかけ」や機会を制度的に設けることも必要です。

(5-3) 情報共有

　言うまでもなく、縦方向のコミュニケーションだけでなく、横方向のコミュニケーションも必要です。情報共有は、関係者の判断の方向を誘導することになり、円滑な業務遂行に繋がります。

(5-4) 媒体と機会

　メールでのコミュニケーション（情報共有）の是非についてはいろいろな考え方があります。いずれにしろ、メールで伝わるのは「文字」です。対面では、相手の表情や言葉遣いまで含めて、あるいは周辺の情報まで含めて感じたり、聞いたりできます。情報量が非常に多くなり、一体感も生まれます。対面のコミュニケーションの機会を作ることも大切だと考えます。

(6) ヒト・モノ・カネ（人・物・金）

　経営の三要素と言われていますが、最近はこれに情報も加えて重要な経営資源とされています。情報には、いわゆる情報だけでなく、知的財産としての技術やノウハウを含めたものと考えられています。安全衛生管理にも通じます。特に、中長期的な展望をもった戦略的な視点で、これらの経営資源を活かしていくことは、総括安全衛生管理者の重要な役割でしょう。

なお、「ヒト」に関しては、繰り返し説明していますが、「モノ」「カネ」とは違い、個々に違った背景（人生、生活など）があり、違った経験や人格があるという多様な存在であることを忘れないようにしてください。安全衛生管理は、「ヒト」を対象にしていますので、一律に考えることができないむずかしい対象となります。

(7)　効率を考える

　安全衛生管理についても効率を考える必要があります。投入するエネルギー（従業員の負担）や資金を最大限に活かすという視点でも安全衛生管理を考えてみてください。もちろん、効率が悪くても実施しなければならないこともあります。

　安全衛生管理に限りませんが、レベルが低いのであれば、どんな取り組みでも取り組むだけで改善する面がありますが、レベルが高いと改善率を上げることは容易ではありません。たとえば、労働災害の発生率を100を10にすることは容易でも、10を1に、1を0.1にすることは、同じ10分の1ですが、同じことをしても改善することにはならないでしょう。健康管理でも同じです。合理的に考えることが必要です。

(8)　技術を活かす

　自動車事故が減り、交通事故死者が減ってきていますが、その原因は何でしょうか。運転する人たちが安全運転を心掛けるようになったからなのでしょうか。自動車の性能の向上、タイヤの性能向上、自動車の安全装置の充実、道路の整備、交通信号などの整備などが事故減少に貢献し、さらに死者の減少には医療技術の進歩や救

急体制の充実が寄与しています。

　デコボコの泥んこ道で安全運転を求めてもむずかしいですし、ガードレールのない山道のカーブでは転落するかもしれません。ハンドルの遊びがなければ、安定した走行はむずかしくなります。安全衛生管理の向上も、関係する知見の獲得に合わせて、技術面の進歩が背景にあります。操業に関わる機械・設備面の技術の向上と安全衛生関連の設備や機器、保護具や用具などの性能向上です。素材の向上や制御技術の進歩などが支えているのだと考えます。「もっと性能のいいものはないか」「もっと作業に適したものはないか」といった視点でハード面の対策について考えることが重要です。操業関連の技術と同じです。人にだけ頼っていても不安定です。

　従業員の安全な行動を支え、誘導するために、的確な指揮や指導、教育、安全活動は必要ですが、確実なのは設備や機器、保護具や用具の安全性向上であり、その採用です。「『安全行動を徹底する』から大丈夫」だと思いがちですが、いくら優秀な従業員でも、「常に安全行動ができるか」、「個性や力量の差によって行動の違いはでないか」、「「徹底する」ということが間断なく続けられるか」などを考えると安定的に安全衛生水準を高めるためには技術を活かすことが不可欠なことが分かります。この判断は、経営に責任を持っている立場でないと、むずかしい面があります。現場第一線の従業員や管理監督者には「今まで通り、キチンとした仕事をすれば大丈夫」という意識があります。

⑼　立場を置き換えて

　技術で対処することができない部分もあり、安全衛生活動や心身の健康保持増進の取り組みが必要になります。このような取り組み

1. 前提としておきたいこと　　*121*

が実効を上げる、それも継続的に実効を上げるためには、「人」について よく考えて、取り組む意義を押さえ、取り組み方を決めていく 必要があります。この判断を適切にする簡単な方法は、「やらせる」取り組みとして考えるのではなく、自分自身が「やる」立場に立って考えることです。提示される側の立場にいる自分を想像することです。

　「表面的な取り組み」「非現実的な取り組み」⇒「実効が上がらない取り組み」⇒「安全衛生管理は見かけだけでいいとの誤解」⇒「安全衛生の水準を下げる」「コスト（時間）の無駄」と整理することもできます。このような視点を持って安全衛生管理を見ると、気付きがあります。

⑽　多様な価値観

　多様な考え方や価値観が受け入れられる社会になってきているという見方がある一方、不寛容な社会になってきている面もあります。安全衛生活動では、人の多様性を踏まえた発想が必要ですし、失敗の原因を直視せずにバッシングの対象にして済ませることがないようにしなければなりません。失敗は避けたいですが、起きてしまった失敗は学ぶ対象です。

⑾　時間軸

　時間が経てば、入れ替わる物（設備、機器など）もあれば、設備等は劣化したり腐食したりします。人（従業員）に関することにも変化があります。これらのことによって、安全衛生上のリスクが増えたり、減ったりします。新しい設備を導入すると、一般的に初期のトラブルを克服して安定してくると旧来の設備よりトラブルが減

り労働災害リスクは減りますが、老朽化してくると状況は変わります。高機能の新技術を組み込んだ設備のメンテナンスは複雑になり、予想外のトラブルが起きるかもしれません。従業員も毎年1歳ずつ年を取り、世代が変われば、経験（蓄積されたもの）や発想も変わることになります。将来を見越した安全衛生管理という視点も必要です。

⑿　仕事のしやすさ

（12-1）仕事から見る

　現場を見る時の視点として忘れたくないことは「仕事のしやすさ」です。「無理・無駄を無くすことが大切だ」などと言われますが、「負荷」という見方が必要だと考えます。楽に仕事ができるようにすることで、「効率が上がる」「品質が向上する」といったことが結果として付いてくる面があると思います。「手抜きをする」ということではなく、必要な仕事（安全のために実施すべきことを含めて）をキチンと「楽にする工夫をする」ということです。このような見方は、現場第一線の前向きな気持ちを引き出すことに繋がります。

　たとえば、「床が滑りやすい」場合、「滑って転ぶ」原因だと考えるだけでなく、「足元が不安定なために姿勢を安定させることに意識や神経が使われて、本来の仕事に集中できない」と考えることによって職場や作業の改善が進みます。楽にする（滑りにくくする）ことが、安全でいい仕事をすることに繋がります。「安全を確保するために緊張感を持って仕事をする」と言われたりします。間違いではないですが、過度の緊張感の必要がない安全な状態であれば、本来の仕事に集中できるという見方でもあります。

1. 前提としておきたいこと　*123*

(12-2) 人間の特性

　人間の特性を理解（洞察）した上で、作業や作業環境の課題を見出すことになります。「人間工学」（「エルゴノミクス」（ergonomics））の発想です。「わずかな改善で負荷を軽減でき、かつ作業能率や品質の向上に結び付くケースがある」「職場の改善意欲を向上させ、より安全で効率的な作業に結び付く」だけでなく、「女性や年配者が活躍しやすくする」といった面での成果も期待できます。理想的な状態を実現することは容易ではありませんが、このような方向での改善をすすめるという考え方が、従業員の前向きな姿勢を誘導することになります。

　人間工学が目を向けるところは、人の視線、空間認知、姿勢、角度（頸／手首／肘／肩／腰／膝／足首）、圧迫（血流）、把持、筋負担、呼吸、座面、情報処理（視覚／聴覚、速度／同時／選択、…）、反復、自由度、拘束、時間、疲労などになります。誰にでも分かる表現を使えば、「見やすい」「聞きやすい」「判断のしやすい」「使いやすい」「動きやすい」「無駄な力がいらない」「疲れにくい」などということを求めることになります。

　自動車を例に考えると分かりやすいと思います。たとえば、運転がしやすく、疲れにくいシートだと長時間の運転時の安全運転に繋がります。ハンドルの太さや径、パワーハンドルは、ハンドルを操作しやすくして、安全運転に繋がっています。

⒀　指導する視点

(13-1) 言わなければ

　安全衛生管理に限りませんが、言わなければ伝わりません。「このくらいのことは分かっているだろう」と思いがちですが、このよ

うな場合でも、確認は必要です。疑問に思うことについても黙っておくのではなく、確認することが、その後の円滑な業務に繋がります。部下の自主性を引き出したり、自ら考え行動する集団（職場）を作り出すという意識を持って「言う」ことが、事業場の前向きな安全衛生管理を誘導することになると思います。

(13-2) 厳しい指導

　絶対的な権限のある（人事権、査定権がある）立場での指導の仕方には工夫がいります。先輩が後輩に指導するのとは訳が違います。「愛情を持って厳しい指導を」と言いますが、むずかしいことだと思います。指導の視点で重要なことは「合理的である」（指導される側が理由を納得できる）ことでしょう。そして「厳しさ」の前提は、指導する従業員の「存在を認める」「存在を大切にしている」ことが伝わることです。「存在を否定する」厳しさは、パワハラでしかありません。

　なお、不安全行動に対してペナルティを課すことにより抑制しようという考え方がありますが、不安全行動に限らず、不適切なことを隠ぺいしたり、事実と異なることを報告したりという判断や行動を誘発することになりますので、勧めません。

(13-3) 認める

　「しかりつける」よりも「ほめる」方が、前向きな気持ちを引き出すことになると言われています。現実には「ほめる」ことがむずかしいこともあると思いますが、「認める」ことはどのようなケースでもできると思います。「認める」対象は、過去・現在・未来の「存在」です。少なくとも未来を「認める」ことが最低限必要です。「認める」ことは「信頼する」ことでもあります。

1. 前提としておきたいこと　　*125*

(13-4) 引きずらない

「「ビシッと」厳しく言っても引きずらない（その場のこととして終わらせる）」、「「ビシッと」言っても内容を膨らませない（他のことまで厳しさを広げない、輪を掛けない）」、「「ビシッと」言ったら後でフォローする」、「「ビシッと」言ったことに対してその実施状況は淡々と確認する」などといったことが欠かせません。分かりきったことですが、なかなか実行できないこともあるようです。厳しさには解説も必要です。理由の分からない（なぜ厳しくされているのか分からない）厳しさは、何の成果も生みません。厳しさは、部下を前向きにさせるためのもので、部下の行き場を失わせることになっては何のための厳しさか分かりません。なお、「引きずらない」ことは、言いっぱなしにするという意味ではなく、言ったことに対して実施状況などをフォローすることが必要なことは言うまでもありません。

職場の実態を最もよく知る総括安全衛生管理者であっても、すべてを知っている訳でもありませんし、経験がすべてではないことを頭の片隅に置きながら、経営の視点と部下の視点も持って指導するということになります。

⑭　整理して提示する

安全衛生管理は、対象の範囲が広いこともあり、さまざまな取り組みが行われているはずです。これらの取り組みが、バラバラに「あれもこれも」というように見える取り組み方になっている事業場があります。事故・災害が発生する都度、新たな方針や施策を打ち出して、何が継続して実施することなのかが分からなくなっていることもあります。安全衛生管理は、事故・災害へのその都度の対応を

行うことで、ほとぼりが冷めれば忘れてしまうということはないでしょうか。さまざまな取り組みを整理して、各部門で実施すべきことを提示するといいでしょう。

⒂　職場の評価と展望

　職場の安全衛生管理の状態を客観的に評価するためには、チェックリストの形であるべき姿を示すことが考えられます。チェックリストは、その意味を理解できるような解説を付すことが欠かせません。また、チェックできないこと（たとえば、「徹底度」「意識」など）を対象にすると、チェックリストの客観性が失われてしまいますので注意が必要です。

　このようなチェックリストを職場に提示し、必要に応じて事業場の安全衛生部門で確認することも大切です。認定などによって評価することもあってもいいでしょう。整理整頓のように個々の課題を取り上げて認定制度にしている事業場もあります。一方で、「指差し喚呼認定職場」や「安全行動優良職場」のような「見掛け」や感覚的な事項を評価するような制度は勧めません。チェックリストを運用する時の課題は別項で説明します。

1. 前提としておきたいこと　　*127*

2. 安全衛生管理に向き合う

　事業場が取り組む安全衛生管理について、一般的な施策を例に挙げて考えていきます。事業場の状況に合った取り組み方をして、効果を上げてください。教育や安全活動については別項で取り上げています。

(1)　機械安全対策の推進

　機械安全の考え方は、安全衛生管理の考え方の基本だと思います。製造業を中心にした機械設備の安全のこととして限定的に考えるのではなく、普遍的な考え方と認識して、ほかの安全衛生管理にも活かしていってください。機械安全を会社の安全衛生管理の柱に据えて取り組んでいる大手の企業もあります。

(1-1)　機械安全の考え方
　「機械安全」の考え方は「機械の包括的な安全基準に関する指針」（通達、「機械安全指針」「機械の包括指針」、単に「包括指針」などという略称が用いられたりしている）に、「機能安全」の考え方は「機能安全による機械等に係る安全確保に関する技術上の指針」（通達）に示されています。根拠となる法令や関連の通達もあります。いずれもISO／JIS規格の知見を活かしたものです。
　「機械安全」を推進する前提は、「人はミスをする」「機械は故障する」「絶対安全は存在しない」とされており、「人の特性」と「信頼の限界」を直視した合理的な考え方です。「機能安全」は、機械

的な安全方策に加えて、電子制御などの機能を活かして安全を確保するという考え方です。

　いずれも安全衛生管理に対する技術的アプローチで、安全衛生管理水準を高めていくためには不可欠な考え方です。センシング技術、データ解析速度、情報伝達速度、半導体技術、材料技術などの進歩にともなって磨きが掛かってきています。

　詳細は、安全衛生部門、設計担当者等に確認させればいいのですが、基本的な考え方については、総括安全衛生管理者も理解しておくことが欠かせないと考えます。中災防が「機械安全規格を活用して災害防止を進めるためのガイドブック」に分かりやすく考え方をまとめていますので確認しておいてください。インターネットでも確認できます。

　「安全距離」「予見可能な誤使用」「残留リスク」などという概念や、リスク低減方策3ステップメソッド（①「本質的安全設計方策」⇒②「安全防護」「付加保護方策」⇒③「使用上の情報」）などは、「機械安全」の考え方を代表するものです。

（1-2）機械安全対策で見通す成果

　その場その場での人の判断や行動に頼らずに安全が確保できるのであれば、従業員は安全を確保するために必要だった力（注意力など）を、業務（生産などで価値を創造すること）に回すことができることになります。既存の機械設備に対して機械安全の考え方での本質的安全設計方策や安全防護などの設備面の安全対策は、技術的にもコスト的にもむずかしいことがあるかもしれませんが、計画的に、着実に機械安全の考え方に基づく対策を実施していく意味は大きいと考えます。

　機械安全の考え方に基づく対策を推進すると、当該の機械設備に

2. 安全衛生管理に向き合う　　*129*

よる災害の防止だけに留まらない効果が期待できます。機械安全対策で得られるであろう効果を例示します。

① 当該機械設備による重篤な労働災害が無くなる。
② 安全な状態（たとえば、機械が停止している状態）でなければ機械等（製造ライン）に近付く（入り込む）ことができない。
　⇒機械に近づく原因となっていたトラブル等を減らすことに繋がる。
　⇒品質・生産性の向上にも繋がる（一時的に生産性が下がることがあっても上昇に転じる）。
③ 安全確保に対する会社の真摯な姿勢を従業員が感じ、従業員が他の安全施策（たとえば、ルール順守、KY、改善活動等）にもより真剣に取り組み、行動災害を含めた労働災害の減少に繋がることが期待できる。
　⇒安全面に留まらず、会社に対する信頼が向上する。
　⇒業績貢献に繋がるのではないか。
④ 安全活動全般に合理的な考え方が広まり実効が上がる。
⑤ 計画的に取り組んでいることが、事業場（会社）の社会的評価（ステークホルダーからの評価など）に繋がる。
　⇒事業場（会社）の経営姿勢として対外的にアピールできる。

(1-3) 機械安全対策の推進

　機械安全の考え方の詳細は、厚生労働省や中災防の資料やテキスト、ISO／JIS規格などで確認できますが、手っ取り早いのは、中災防などが開催する研修を受講させることでしょう。中災防の研修

には、厚生労働省の「設計技術者、生産技術管理者に対する機械安全教育実施要領」（通達）に示された内容の研修もあります。機械設備を自ら設計することがない事業場でも、機械設備メーカー等に対して安全対策の実施を求める時の基礎知識として重要です。

　機械安全対策を本格的にすすめるために体系的に専門的な知識を得る方法としては、一般社団法人安全技術普及会の講習を受ける方法があります。体系化されており、日本認証株式会社の主に機械の設計者を対象とした資格として、セーフティサブアセッサ（SSA）、セーフティアセッサ（SA）、セーフティリードアセッサ（SLA）の3段階の資格があります。事業場の生産技術者など利用者側として機械安全対策を推進する要となる人に必要な基礎知識の習得を想定したセーフティベーシックアセッサ（SBA）という資格もあります。制度の詳細は、ホームページで確認できます。このような講習の受講や機械安全対策の実施などは、生産設備等の管理に関わることですので、安全衛生管理という視点だけでなく、事業場としての方針の下にすすめることが必要だと思います。

（1-4）対策の具体化

　既存の機械設備に対して機械安全の考え方で対策を実施するためには、お金（予算）と時間が必要ですが、改善は始めなければ、始まりません。たとえ時間が掛かる（中長期的に取り組む必要がある）としても、計画的にすすめたいものです。機械設備の更新が予定されているのならば、そのタイミングに合わせて実施することが合理的かもしれません。

　機械安全の考え方の適用は、単体の機械設備を対象にする場合もあれば、連続生産ラインのような一連の設備を対象にする場合もあります。リスクを見極めて、部分的な対策から実施するということ

もあるでしょう。事業場全体に適用していこうとする場合は、モデル的に適用する機械設備を決めて適用し、課題などを確認する方法もあります。

(1-5) 残留リスクの管理

　機械設備メーカー等（機械譲渡者等）は、「機械に関する危険性等について機械ユーザーに通知するよう努めること」が法令（労働安全衛生規則）で規定されています。細部は「機械譲渡者等が行う機械に関する危険性等の通知の促進に関する指針」（通達）で示されています。機械設備のユーザーとなる事業場は、メーカー等からの情報（残留リスクなど）を基にリスクアセスメントを行い、実際の使用に当たって必要な安全対策を実施することになります。リスクアセスメントの実施に当たって、メーカー等からの情報が不十分な場合は、追加情報を求めることも必要です。さらにリスクアセスメントを行う過程で、メーカー等に改善を求める必要があると考えることがあれば、メーカーにも伝えておくべきでしょう。これらの一連の対応が制度的にできるようになっているか確認しておいてください。

　なお、万が一、当該の機械設備に起因する事故・災害などが発生した場合は、機械設備の改善に結び付くようにメーカー等の連絡窓口に情報を提供することも必要です。

(1-6) 危険な作業を無くす

　既存の設備・機械を前提にした安全対策（安全防護等）だけでなく、自動化・機械化によって危険な作業を無くすということ（本質的安全設計方策に該当）もあります。この場合、日常的な作業から危険は排除できますが、新たな危険が生じないように予め検討して

おくことが欠かせません。自動化・機械化された設備の点検、トラブル時の補修、影響範囲などになります。

工事などではユニット化することにより現地施工での作業は減りますが、ユニット化された場合は一つの部材が大きくなります。小さな災害のリスクは減り、現場での安全な施工に繋がりますが、大きな災害の原因になるという可能性もあります。リスクを減らす一方で、新たなリスクが生じることもありますので、リスクアセスメントでリスクを確実に洗い出して、措置することも必要です。

(2) 化学物質の管理

化学物質の取り扱いについては、労働安全衛生関連の法令だけでなく、薬事法、毒物及び劇物取締法、化学物質排出把握管理促進法（化管法、PRTR関連など）など環境、消費者なども視野に入れた法令でも規制があります。労働安全衛生法の関連でも、省令での規定のほか、変異原性のある化学物質などについては健康障害防止のための指針（通達）などが出されています。

化学物質にそれぞれ固有の特性があることは言うまでもありません。有用であっても、有害なものもありますし、爆発や火災の原因になる物もあります。自部門（自社）で危険性・有害性について事前に確認することができればいいのですが、多くは外部の情報を元に必要な管理を行うことになります。これらの情報源としてSDS（Safety Date Sheet）が代表的ですが、素人には難解です。また、法令でSDSの交付対象になっている化学物質は限定されています。情報を確実に入手し、うまく活かすことができているか確認しておいてください。情報が十分でない物質を取り扱う時は、慎重な取り扱いが必要となります。危険有害性がある（おそれのある）化学物

質を取り扱う場合は、作業環境管理、適切な取扱方法、使用量の管理などの使用状況のモニタリングを法令等での規定の有無にかかわらず行っておくことが必要です。

　新規化学物質を製造したり輸入したりする場合は、労働安全衛生法や化学物質の審査及び製造等の規制に関する法律（化審法）で有害性・変異原性の試験などについての規定があります。

(3)　リスクアセスメント

(3-1)　リスクアセスメントの意味

　リスクアセスメントは、「危険性や有害性の特定、リスクの見積り、優先度の設定、リスク低減措置の決定の一連の手順」のことですが、「リスクが受け入れ可能か」を判断する手続きと言うこともできます。正確な定義や運用の仕方は、関係法令と通達、ISO／JISやさまざまなテキストに示されています。リスクアセスメントで大切なことは、「事前に」ということではないかと筆者は思っています。労働災害で言えば、未然防止に役に立ててこそ意味があるということだと思っていますが、事業場でどのような意図で取り組まれているか確認してみてください。

(3-2)　職場で行うリスクアセスメント

　機械設備の設計・製造・改造・販売などの場合は、設計に関わる技術者が中心になって、化学物質の使用を開始する場合は技術者や安全衛生管理者が中心になってリスクアセスメントが実施されていると思います。既存の機械設備の場合は、職場の安全衛生活動として実施している事業場が多いようです。リスクアセスメントは、事業者の責任で実施すべきことで、「活動」ではなく、「管理」だと考

えるべきでしょう。事業者として、リスクを評価して、リスクを低減することが必要です。職場活動にすると、職場内で実施できるレベルでリスク低減の方策が判断され、対策が限定的になるおそれがありますので注意が必要です。必要に応じて技術部門なども関与させて、リスク低減に結び付けることも大切です。

(3-3) 評価結果の絶対視

　リスクアセスメント評価の手法とその結果が絶対視されていることはないでしょうか。数値で客観的に評価することはとても重要ですが、実際の作業の状態を的確に表しているかはよく確認しておく方がいいでしょう。過大な評価だったり、過小な評価だったりしていないでしょうか。机上のリスクアセスメントに終わらせず、現場の実態と照らし合わせてみる（いわゆる現場・現物で確かめる）ことも必要です。評価方法の見直しが必要なこともあります。

(3-4) リスクレベルの低減

　職場の安全衛生活動として実施しているリスクアセスメントが成果にキチンと結び付いているのであればいいのですが、総括安全衛生管理者の立場で確認してみてください。リスクレベルが改善された状況を数値でまとめた資料（たとえば、リスクレベルⅢの〇件がリスクレベルⅡ以下に改善された）が、発表などでよく使われていますが、本当にリスクが下がっているのでしょうか。数値の遊びになっているようなケースもありますので、注意深く判断する必要があります。

2. 安全衛生管理に向き合う　135

⑷ OSHMSを活かす

(4-1) 基本になるOSHMS

　システマティックに安全衛生管理に取り組んで、安全衛生水準を高めていく必要があります。安全衛生管理については、OSHMS（Occupational Safety & Health Management System、労働安全衛生マネジメントシステム）について厚生労働省から指針（告示）が示されていますし、ISO／JISでも規格が提示されています。詳細についての情報が必要であれば、安全衛生部門に確認してください。指針や規格に示された事項のすべてを満足するシステムとして構築しない場合であっても、PDCAサイクル（課題は別項で取り上げます）を回してレベルアップを図ることが必要です。指針や規格の考え方は安全衛生管理の基本として押さえておく必要があります。

(4-2) グローバルスタンダード

　前述したとおり平成30年（2018年）にISO45001でOSHMSが規格として提示され、JISでも規格が提示されることになります。審査機関の認証を受ける事業場も徐々に増えてくるものと思われます。取引先から認証取得を求められる事業場もあるでしょう。グローバルスタンダードとして認識することがまず必要ですが、JISの規格も確認しながら、事業場の安全衛生水準の向上に結び付ける形でOSHMSを構築・運用することが必要です。ISOがすべてということではなく、従来から積み上げてきた安全衛生管理を大切にし、実態として安全衛生水準を向上させていくことが必要です。形式のみを追うと事業場の安全衛生管理が形骸化するおそれがあります。

(4-3) 実効性を上げる

OSHMSの構築に当たって留意すべきと考えることが5点あります。

① 一つ一つの実施事項（要求事項）について事業場として取り組む意義を整理し、確認して取り組む。

② 認定・認証を目指す場合であっても形式的な要件を満足しているか否かについてだけに注目せずに、安全衛生水準を上げていくという本来の目的に沿った（現場第一線の従業員まで取り組む意義を感じられるような）取り組みにする。認定・認証機関を選ぶことも大切だと考えます。

③ 事業場として取り組んできた安全衛生管理をベースにして、かつ職場の実態（安全衛生水準、体制、実力など）を踏まえて取り組む。スパイラルアップさせる（着実に向上させる）ことが目的ですので、非現実的な取り組み方や目標を掲げても成果には結び付かないでしょう。

④ 健康管理についてもOSHMSの中で取り組む。ただし、健康状態は、毎年数値目標を掲げて改善していくという性格のものではありませんので、健康管理の制度面を中心に取り組むことになると考えます。健康的な風土・文化（安全文化に似たところがあります）を創り上げていく一環と考えるのがよいと思います。

⑤ スパイラルアップには、内部監査が重要です。監査という言葉からは、「書類を見る」というイメージを受けますが、監査を通して事業場としての課題を共有して安全衛生水準を高めていくという視点を持って監査を行うことが欠かせません。監査員は「サポーター」であり「アドバイザー」だという意識が求められます。このような立場で監査できる人材を監査員にする

2. 安全衛生管理に向き合う　137

ことも必要です。

(5) 設備の新設・改造、機器の更新

ハード面の安全衛生対策を徹底して実施するチャンスです。点検・補修作業を含めて作業方法をより安全にするチャンスにもなります。新設・改造・更新などの時に、安全衛生対策をしっかりと検討できる仕組みがあるか確認しておいてください。操業（使用）部門、保全部門、生産技術部門、設計部門などの関係部門が協力して取り組むことになります。リスクアセスメントもこのような時にしっかりと実施することが大切です。

(6) 老朽化対策

設備の老朽化が労働災害に結び付くことがあります。操業面の損失という観点だけでなく、操業時の安全とトラブル処理の安全も考えて早く着手し、継続して取り組むことが必要です。腐食などでは、点検やトラブル処理などの頻度の少ない作業での危険という視点も欠かせません。従業員などが利用する通路や作業を行う空間についても、状態予防保全という考え方を採り入れて、計測技術や解析技術も活かすこともできるのではないでしょうか。安心して作業が行える状態を維持することが必要です。老朽化には、劣化や使用に伴う損傷・摩耗・ゆるみなども含めて考える必要があります。

(7) 異常時対応（トラブル対応）

「異常」にもいろいろなケースがあります。異常（トラブル）を

正常な状態に戻すために業務（トラブル処理）に従事する従業員がいます。設備故障など操業に支障を来すような異常に対して、おそらく、関係する従業員は、少しでも早く正常な状態に戻そうとして奮闘するのだと思います。このような作業を行っている時は、ともすると安全の確保が二の次になってしまう可能性があります。作業を安全に実施するために大切なことは、上司（事業所長から職場の監督者まで）が安全を最優先にして業務を行うように明確に口に出して指示することです。たとえ事業所長であっても勇気のいる指示だと思います。早く復旧したいと思っているところに「急げ！」という上司からの指示は、復旧作業に従事している従業員には「危険を冒してでも早くやれ」と聞こえてしまいます。このような場面は、事業場の安全に対する姿勢を従業員に示すことになります。すべての管理監督者が「安全を最優先にした指示」ができるように、事業所長（総括安全衛生管理者）が日頃から繰り返し口にすることが必要です。「安全を最優先にせよという指示」は、復旧作業を手順を踏んで間違いなく確実に実施するための工夫にも繋がります。復旧に要する時間が、事業の損益に関わることを関係者は認識しているはずですので、このようなことは事業所長が言わなければ、実効が上がりません。

(8) 変更管理

　設備や作業の変更が事故・災害の発生に結び付くことがあります。このような変更に対して適切に対処するために変更管理という取り組みを行うことを勧めます。変化点管理としている事業場もあります。変更した事項・変化した状況とその対応を関係者で共有して安全の確保に結び付けます。何が変更に当たるのかを具体例で示した

2. 安全衛生管理に向き合う　　*139*

り、フォーマットを決めて記録することで確実な対応に結び付けたりという取り組みが行われています。設計部門、技術部門、保全部門、そして現場第一線も含めた取り組みになります。変更の中に、人的な変化（従業員の異動、欠勤、作業編成変更など）などを含めて考えることも必要です。

⑼　規程・基準の整備

　規程・基準は事業場としての説明責任を果たすためという性格だけでなく、事業場の安全衛生管理の拠り所を示すものです。ただし、精緻であればいいというものではありません。従業員が容易に理解でき、実際の安全衛生管理に活かせることが大切です。どのような内容の規程・基準になっているのか、キチンと整備し、管理されているか確認しておいてください。使いやすくするためには体系化しておくことも必要です。

⑽　作業標準書（作業マニュアル）

　作業標準書は、規程・基準と同じ性格がありますが、具体的な作業の手順を示すことになりますので、現場第一線での管理・活用の対象です。写真や動画を活用した作業標準書も増えてきています。さらに媒体も紙だけでなく、タブレットなどを用いている事業場もあります。

　作業標準書では、作業の手順を示すだけでなく、対象とする作業の安全衛生上の考え方を包括的に示しておくことが必要です。作業手順毎に安全な作業を行うための要点を明記しておくことも大切です。

職場での訓練や新作業従事者に対する教育に使うことになります。なお、実際の作業を行う時の従業員の一挙手一投足まで作業標準書で決めることは不可能ですので、訓練や教育で作業標準書の内容を補完することも欠かせません。

いずれにしろ、「使える」「使われる」作業標準書になっているかという視点で、関係者を指導するといいでしょう。

⑪ 順守（厳守）事項

規程・基準や作業標準書で、すべての業務の安全な判断と行動について具体的に規定することはできませんし、従業員がすべての規定を記憶することもできないのが現実です。事業場（総括安全衛生管理者）として基本方針を示すと共に、基本的な事項を順守（厳守）事項としてまとめておくことを勧めます。項目が多過ぎると記憶して実際の行動に活かせなくなりますので注意が必要です。「気合い」を求めるような内容も避けた方がいいでしょう。順守（厳守）事項は、いろいろな安全衛生教育や活動で活用したり、掲示したりして、すべての従業員の規範となるようにして活用します。

⑫ 資格者の配置、法定教育等の受講の仕組み

法令でさまざまな危険有害教務に関連した資格者の配置や教育の実施が求められています。制度として適切に管理されているか確認しておいてください。協力会社従業員に関しても注意が必要です。また、資格者や教育修了者が、法令で求められた「機能を果たす」ことも重要な管理のポイントです。なお、法令に基づく対応に限定せず、事業場固有の問題に関して、事業場固有の資格制度などを設

けることが望ましい場合もあります。

⒀　指揮者、リーダーの指名

　当然のことですが、複数のメンバーで安全に仕事をさせようとすれば、指揮者やリーダーを決めることが必要です。事業場の制度として、指揮者やリーダーを指名して作業を行うということが定着しているか確認しておきましょう。法令でも、特定の危険有害業務については、作業主任者を選任したり、指揮者を指名して作業を行うことが規定されています。指揮者やリーダーが、その機能を果たせるようにするための教育も必要です。

⒁　表彰や認定

　安全表彰などで、総括安全衛生管理者が表彰状や認定証を職場の代表に手渡すことがあると思います。終着点（到達目標）に達したから表彰し、認定するだけでなく、表彰後も継続して安全衛生水準を高めていくことに繋がるような表彰や認定の制度にしておくといいでしょう。段階を設定するという方法もあります。
　関係する従業員全員に対して、努力を称える総括安全衛生管理者の気持ちが伝わると、より表彰などの意義がより深まります。表彰状や認定証を渡し方や副賞についても、制度の趣旨を最大限活かせるように工夫したいものです。

⒂　発表会・競技会

　職場の主体的安全衛生活動や改善事例の発表会を、事業場または

会社で行うことがあると思います。職場代表が発表することが多いと思います。前向きな取り組みを顕彰することは、従業員の意欲を高めるでしょう。ただし、発表のための発表（発表することだけを目的に取り組む、発表のテクニックにばかり目が行くなど）にならないようにしたいものです。発表されたことが、事業場全体の安全衛生水準向上に結び付く（他職場で活かされる）ようにするための工夫も必要です。

　クレーン運転・玉掛け競技会、救急法競技会、点検技能競技会などの安全衛生に関する技能を競う競技会を実施している事業場があります。出場する従業員だけでなく、幅広く技能を向上させる機会になるように工夫して開催したいものです。

⒃　総点検

　事故・災害があると、その原因となった状態（設備など）について同じようなことが事業場内にないかを確認するために「総点検」が行われることがあります。大きな事故や事件が起きるとマスコミなどでも総点検が必要だとして取り上げられることがあります。文字通り「総点検」して、すべての課題が明らかになって改善できればいいのですが、大規模な事業場などでは、なかなかむずかしいこともあります。点検そのものにバイアスが掛かることもあります。点検する部門は、「自分たちがルールを守って安全作業をすれば大丈夫だから」などという意識もあり、悪気が無くても課題を表に出さないで済ませてしまうことがあります。

　一気に問題を解決しようとするのではなく、手順を踏んで、着実に改善に結び付けるというやり方がいい場合もあります。残された課題を明らかにして、補完的取り組みを行いながら、順次課題解決

2. 安全衛生管理に向き合う　143

を図るというやり方もあります。いずれにしろ、実効の上がる方法で実施したいものです。

　総点検で確実に課題を洗い出すためには、安全衛生部門などが、第三者として（客観的な見方で）一つ一つ確認していくことが必要なこともあります。

(17)　設備等を止める権限

　危険な状態になりそうな時（危険な状態になった時）に、緊急に操業や設備を停止する権限を誰が持っているのでしょうか。労働災害が発生しそうな場面では、その場にいる誰にでも設備を止めたり、作業を中止する権限があります。権限ではなく、権利かもしれません。このような措置をすることにより、前後の工程などで、大きなトラブルになる場合は、その影響を最小限に留めるための行動も合わせて求めることになりますが、優先順位は労働災害の防止です。止めたことによる損失は、みんなで（事業場で）カバーすることになります。設備を止めたり、作業を中止することは、勇気のいることですので、事業所長が、この判断を後押しする姿勢を日頃から明確にしておくことが大切です。

(18)　危険な区域へ立ち入って行う作業

　危険な状態を無くしてから（機械を止め動力源を切る、有害な物質を排出するなどの措置をしてから）作業を行うことが大原則です。このために、タグ（命札、禁止札、修理札などと呼ばれている）を活用して、安全を確保する（動力源の停止などの安全な状態を保持する）方法がよく採られています。人の判断・行動に頼る対策です

から、「徹底する」ための指導や教育などが欠かせません。重篤な災害に結び付くおそれのある設備などのある区域に関しては、ロックアウトという鍵を用いる方法が広まってきています。やむを得ず、機械設備の間近で操作しなければならない場合はイネーブルスイッチなどを使うという方法があります。このような方策を含めて、「機械安全」の考え方で、進化した安全技術・装置を用いて安全な作業を行うようにしたいものです。

⒆　安全衛生保護具・機器など

　安全衛生保護具や作業に用いる安全衛生関連の機器・用具は進化しています。たとえば、手袋でも、かつての軍手、革手袋、ゴム手袋などという限られた選択肢しかなかった時代と比べると、作業に応じて安全で使いやすいものが増えてきています。脚立を利用していた作業も、軽量の移動足場を使えるようになってきています。呼吸用保護具などは防護性能の向上と着用者の負担軽減（吸気抵抗の減少など）が図られています。

　これらのものは、作業の効率を高めることに繋がることも少なくありません。価格が高くなる場合もありますが、安全性、生産性など総合的に勘案して、積極的に「いいもの」を採用したいものです。

⒇　点検と整備

　「キチンと点検しないからトラブルが起きる」ということも事実です。ただし、「キチンと点検しなければ、大きな事故になる」という認識がなければ、有効な点検に結び付かなことがあります。特に通常は「異常がない」箇所の点検は要注意です。重要な点検は、「点

2. 安全衛生管理に向き合う　　*145*

検の状態を点検する」ぐらいの対応が必要でしょう。また、点検して不具合が見付かっても、整備（修理や更新など）に円滑に結び付かなければ意味がありませんし、点検の形骸化（手抜きなど）に繋がります。

(21) 表示

　関係者の注意喚起のために標識が設置されたり、区画標示が行われたりしています。これらの表示は、その意味が周知されていなければ、単なる装飾に過ぎません。標識は目に入らなければ意味がありません。表示をすることに意味があるのではなく、表示の目的を達成できるようにすることが必要です。いわゆる「見える化」によって、危険からの回避や安全な行動を促そうとする場合も同じで、「見える」ことが適切な行動に結び付くことが肝要です。

(22) 工事管理

　発注者として、事業場内での工事の安全管理に関わることがあると思います。場合によっては、元方事業者として実施すべきこともあります。責任の問題だけでなく、事業場内での災害防止という観点でも必要な支援・指導を行います。発注者としては、工事の管理体制が的確なのかを確認することは欠かせません。

3. 安全衛生教育を活かす

事業場が行うべき安全衛生管理の基本の一つとして教育があります。法令でもさまざまな教育が求められています。事業場として自主的に実施する教育を行う場合を含めて、効果を上げるために考えておきたいことがあります。

(1) 教育への期待

安全衛生教育は十分でしょうか。安全衛生管理は、人づくりという面もあります。Off-JT、OJTを通して、必要な知識を付与し、意識付けを行うことが必要です。教育は、「伝える」という意味もありますが、教育の場で「受講者自身が考える機会を与える」という意味もあります。従業員が講師をすれば、講師となる従業員の能力向上にも繋がります。先輩(ベテラン)が、自分が得てきたものを後輩(若い人たち)に伝えていくというやり方は、従業員の一体感を生むことにもなります。このような視点を持って、事業場の教育を企画したいものです。

教育は、「実施すること」が目的ではなく、「成果を上げること」が目的ですので、成果を確認しながら、より内容のある教育の実施を目指す必要があります。なお、教育のコストパフォーマンスを測ることはむずかしいですが、長期的展望を持って考えてみてください。さらに、Off-JTとしての教育だけでなく、「職場での指導を積み重ねて育成する」という視点も忘れないようにしたいと思います。

3. 安全衛生教育を活かす　147

(2)　教育の対象と内容

(2-1)　個人単位で対象を見る

　同じ教育をしても、受講する側の理解力や必要性にマッチしていなければ、教育効果を期待することはできません。学校教育のことを思い出せば分かります。他の安全衛生管理と同じで、時間を掛けているから成果が上がるというものではありませんので、実効の上がる方法での実施が求められます。また、事業場の中でも、教育受講機会の多い従業員と少ない従業員がいるはずです。安全衛生管理の目的を踏まえて、全体のレベルが上がるように企画することが必要です。

(2-2)　派遣社員等も視野に

　安全衛生教育の対象は、パート従業員や派遣社員も仕事の内容や責任に応じて、いわゆる正規の社員と同じように教育を行うことが必要です。派遣社員については、法令に従って派遣元が行うべき教育もありますが、事業場（派遣先）で行うべき教育もあります。派遣元にも確認して、遺漏のない教育を実施する必要があります。

　前述しましたが、協力会社の従業員教育についても、サポートした方がいい場合が少なくありません。協力会社には継続的に業務請負のような形で契約している場合と、工事などでスポットで業務を発注する場合がありますので、それぞれの契約に応じてサポートの仕方も変わることになります。事業場での経験のない（少ない）協力会社（従業員）に対しては、事業場の安全衛生管理の考え方や具体的な取り組みについて教育を行う必要があるでしょう。

　短時間で効果のある教育を行うためには工夫が要ります。インパ

クトも必要です。「教育をしている」ということでよしとするのではなく、実効の上がる教育にしたいものです。「同一の場所において行われることによって生ずる労働災害を防止するため」に必要なこともありますし、特別な環境（危険な作業、有害な作業）での作業で安全衛生管理上実施すべきことを伝える義務もあります。

(3) 教育効果の見通し

教育効果を式にしてみました。教育の効果は、さまざまな要素が絡んで決まります。教育を実施する側は、教育を実施すれば効果があるものと思い込みがちですが、よく見極める必要があります。この式の中では、ｆ（補完施策）の影響は大きいと考えます。

$$
\text{教育効果} = \frac{\text{教育によって付与した（つもりの）知識等}}{\text{教育によって付与すべき知識等}}
$$
$$
\times \frac{\text{受講者が得た知識等}}{\text{教育によって付与した（つもりの）知識等}}
$$
$$
\times \frac{\text{受講者に期待する行動}}{\text{受講者が得た知識等}}
$$
$$
\times \frac{\text{期待された行動の実践×時間減衰率}}{\text{受講者に期待する行動}}
$$
$$
\times \text{ｆ（補完施策）}
$$

(4) 動機付け

意味を感じない教育を受講しても、受講者は時間の無駄と感じるだけです。教育の企画には、受講させる前の動機付けと受講後の職

3. 安全衛生教育を活かす　　149

場でのフォローを組み込むことが重要です。

(5) 手法と課題

(5-1) 手法の違いによる効果
　教育の手法によって効果が違うことは、誰でも知っています。事業場で教育の企画をすすめる時には、手法と効果について、安全衛生部門などの主催部門によく検討させてください。ただし、教育効果は手法だけの問題ではありません。また、講義でなければ実施できないこともあります。

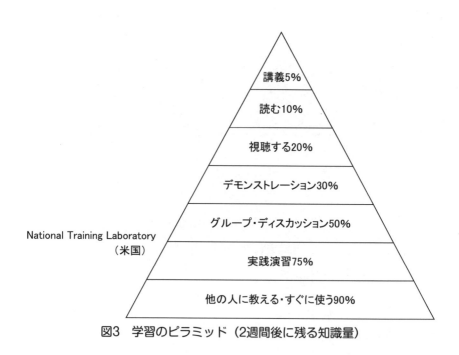

図3　学習のピラミッド（2週間後に残る知識量）

(5-2) 体感教育

　「安全体感教育」とか「危険体感教育」と言われたり、「安全道場」と銘打った体験型教育の中で取り上げられたりしています。模擬的に危険を体験して、安全を確保するために必要なことを学ぶ教育です。挟まれ・巻き込まれや転落などの典型的な災害を想定したものから、事業場固有の課題を取り上げたものまで、多様な教育項目の体感教育が行われるようになってきています。

　体感教育はむずかしい教育です。「危険」を「安全に」体験するために細心の注意（設備面の対策を含めて）が必要です。また、教育の仕方によっては受講者がゲーム感覚で教育を受講し、「面白かった」で終わる可能性もあります。また、危険を体験することで、かえって「自分は大丈夫」「自分はこんなバカなことはしないから大丈夫」という気持ちが強くなって日頃の行動を振り返ることをしなかったり、「実際の作業では注意するから関係ない」などと考えてしまい、危険な行動を自分で容認してしまうことに繋がる可能性もあります。講師の指導の仕方が重要ですし、受講後の職場でのフォローも重要です。

　また、体感教育は、教育設備の維持や適切な講師の確保を継続的に実施する覚悟がないと長続きしません。外部の教育機関を利用したり、イベント的に職場の設備等を使うなどして実施する方が、現実的で効果を上げることもあります。

　体験・体感させる教育には「リアリティーを高めることが必要だ」という考えもありますが、かえって受講者の想像力を抑え込み、応用範囲が狭くなるということにならないよう留意した指導をすることが欠かせません。

　体感教育に近い教育として、VR（バーチャルリアリティ）などを利用した教育もあります。災害にあった時の衝撃などを実感でき

3. 安全衛生教育を活かす　151

ますが、体感教育と同じような課題がありますし、よりゲーム感覚に近い教育だということもできます。講師の適切な指導と組み合わせることが欠かせません。

なお、体感教育は、従業員の安全な判断と行動を促すという成果が期待されますが、この教育だけで安全衛生水準を上げることはできません。安全衛生管理は日常の安全衛生活動を含めた総合的なものです。

(5-3) ハードルを下げるための訓練

筆者が推奨している教育手法です。技能教育以外の教育にも、訓練を織り込んで、実務で活かす時のハードルを下げる工夫があってもいいと思います。たとえば、「トラブルがあった時に報告する訓練」「失敗した時に謝る訓練」「困った時に相談する訓練」などが思い浮かびます。「ミーティングの進行」「報告を受けた時の受け答え」「年配の部下への指導」なども訓練の対象になります。ロールプレイングの多くは、管理側・指導側の訓練ですが、報告や相談する側に対する手法として考えてみてもいいと思います。職場単位では、ミーティングの中での簡易訓練としても実施することが可能です。

(5-4) アクティブラーニングなど

ディスカッションを取り入れた教育手法もいろいろとあります。受講者が教育の場だけで「いい子」を演じて終わることがないように、課題を設定し、受講後のフォローをすることが大切です。学校教育でも取り入れられ始めているアクティブラーニングも管理者教育や監督者教育などには有効だろうと思われます。

(6) 企画者としての視点

　教育への投入エネルギーが安全衛生水準向上に結び付くようにしたいものです。考慮すべき主なチェックポイントを挙げてみます。安全衛生教育は経験的であったり、型通りであったりすることが多いのではないかと感じています。面白くない教育が多くなっていないでしょうか。

①講師の力量…得意・不得意がある

②教育内容…目的に沿った（成果の実現に繋がる）内容、受講者に見合った内容

③講師が教えたと考えていることと受講者が学んだと考えていることの落差

④理解度・実践活用度の分布（参考に概念図を画いてみました（**図4**））

⑤教育対象規模（影響を及ぼしたい人数に対する受講者の割合）

⑥延べ教育時間の視点…延べ教育時間＝∫（教育時間／回）（受講者人員）（教育回数）⇒まとめて長時間教育するよりも、分割して繰り返しての教育の方が効果が定着することもあるのではないか…繰り返しやフォローが大切

⑦時間と共に効果が薄れていく（忘れていく）…職場でのフォロー・日常活動などが大切（**図5**）

3. 安全衛生教育を活かす　153

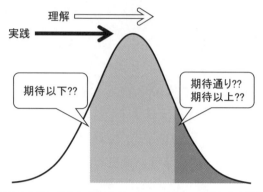

（理解度がどのような分布になるかは、ケースによって異なると思われます）

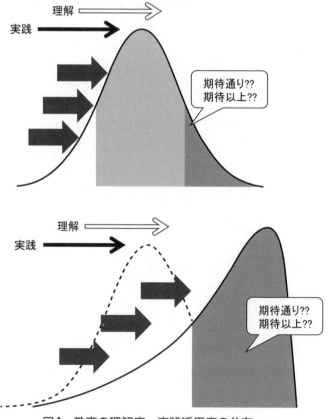

図4　教育の理解度・実践活用度の分布

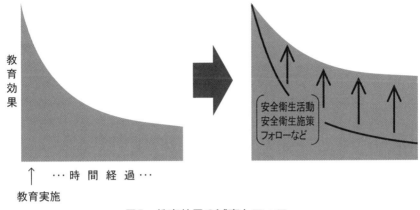

図5　教育効果の減衰とフォロー

(7) 教育効果の把握

　教育をした後、その効果を判定するためにアンケートなどが取られて、報告されることがあります。理解度、有益度などが代表的な例ですが、バイアスが掛かる（高めの評価になる）ことが多いと思います。受講後に決意表明のようなことを書かせることもよく行われますが、教育の場での評価を得るための作文であることもあります。受講修了の時点の評価や決意は、それが実際の仕事に活かされなければいけませんので、意味を考えて教育成果の把握を行い、実効が上がるようにしたいものです。

(8) 技能教育をベースに

　安全に仕事をするための前提は、「仕事を的確に行う」ことにあることは言うまでもありません。技能や関係する設備・機器に関する知識、連絡相談の方法などの基本についてのレベルアップを図る

ことが安全衛生水準向上に結び付きます。

　各職場の業務に必要な技能を整理して、一人ひとりの習得度を評価して、習得度に応じて仕事の範囲を決めて安全を確保するという取り組みを行っている事業場があります。目的は安全衛生管理だけでなく、幅広い技能習得ということにもなります。

　技能評価する時に、「『安全に』仕事を遂行する」ことと「関係者と連携を保って（調整をしながら）仕事をする」ことを評価項目として織り込んでおくことも大切だと思います。

　技能伝承は、安全衛生部門だけの課題ではありませんが、安全の問題として顕在化することがよくあります。単なる技能を伝承するのではなく、「安全に仕事をする技能を伝承する」ことを目的の第一に掲げると、伝承する側も伝承される側も、伝承の意義を自分の問題として捉えて伝承できるのではないでしょうか。

(9)　個別指導

　この章では、集合教育を中心に記載していますが、従業員一人ひとりの能力は違いますので、習熟度や能力に応じた教育や指導が必要です。安全衛生管理の面でも、習熟度に応じて仕事の内容を変えたり、制限したりすることが必要な場合もあります。

(10)　啓発資料の発行

　啓発は、繰り返すことによって、従業員の発想の仕方に影響を与えていきます。啓発資料は「読まれる」ことが入口です。入口を入った後は、大別すると、「情報を得ることが自分に有利（プラス）になると思う場合」、「情報を得ていないと不利になる（知らないとマ

イナスの影響があるかもしれない）と思う場合」、「情報を得ること自身に面白さを感じる場合」に受け入れられるということになります。引き付ける面白さも必要です。啓発資料は、総合的な「面白さ」で、効果も発行の継続可否も決まってくるのだろうと思います。結構むずかしい仕事です。

Ⅲ
安全衛生管理の見方

3. 安全衛生教育を活かす　*157*

4. 労働災害発生時の対応

　事業場の規模や業種、事業の特性などによって労働災害の受け止め方はさまざまです。総括安全衛生管理者として考えておきたい、労働災害が発生した時の基本的対応を整理しておきます。

(1) 災害発生時の対応の基本

　被災者の回復が第一なことは言うまでもありません。総括安全衛生管理者が報告を受けた時に最初に口にすることは被災者の様子の確認です。痛みを感じながら、報告を受けることになります。実際の法的な面も含めた責任問題は別にして、事業場の安全衛生管理の至らなさが災害に結び付いたという認識を持って、災害の対応に当たることが教訓を活かすことに繋がると考えます。

　災害が発生した時に速やかに総括安全衛生管理者に報告することも徹底しておいてください。事業場の規程・基準で報告の仕方を決めている場合もあると思いますので、予め確認しておくことが必要です。リスクマネジメントの観点からも重要です。

　なお、速報を受けた時に、発生状況について詳細を知りたいと思うことは間違いありませんが、速報段階では、分からないこともたくさんあります。関係者はさまざまな対応に追われているはずですので、性急な確認の指示は避けた方がいい場合があります。ただし、被害の拡大や二次災害の防止に関して懸念がある場合の指示は欠かせません。

　万が一重篤な災害が発生してしまった場合は、総括安全衛生管理

者が事業場を統括する立場で前面に立って対応しなければならないこともあります。他の事業に関わる事故や事件が発生した時と同じです。当然、社長などへの速やかな報告も必要でしょう。このような時の対応は、事業場の姿勢を従業員や社会に示すことにもなります。

(2)　関係機関への報告

　法令に基づく所轄行政機関への報告が必要なケースがあります。労働安全衛生法では、労働者死傷病報告書を所轄労働基準監督署に提出することが求められています。重篤な災害では、速やかに報告することが必要です。その他、災害の内容によっては警察署、消防署、経済産業省（所轄産業保安監督部）などへの報告が必要なこともあります。事故・災害の発生時の行政機関への連絡体制が整理されているはずですが、適切な体制になっていることを確認しておいてください。なお、虚偽報告や隠ぺいは、重大な法違反として（司法）処分の対象になることがあります。

　報告したことを受けて、行政機関による調査・捜査などが行われることがあります。事業場として誠実に対応することになります。

(3)　災害原因へのアプローチ

　災害調査を行って原因を究明します。災害を見る視点には、段階があります。大ざっぱに言えば、「顕微鏡や虫眼鏡で見る」→「近くで肉眼で見る」→「少し離れて見る」→「遠くから見る」と区分して考えると分かりやすいと思います。総括安全衛生管理者は、経験も情報も豊富ですので、顕微鏡的な見方についても指導すること

4. 労働災害発生時の対応　　159

ができるため、どんどん詳細な点に突っ込んで口を出せると思います。「少し離れて見る」「遠くから見る」という見方こそ、総括安全衛生管理者の視点です。平面的にではなく、立体的に見ることも大切です。このような見方は、他の関係者（当事者や担当部門など）には意外にむずかしいものです。

(4) 災害の教訓を活かす

(4-1) 対象と方法
　災害が発生してしまったら、その教訓を最大限に活かすことが安全衛生水準を上げることに繋がります。特に「災害が発生した」という、従業員にとっても衝撃的で緊張感のある状態で取り組む対策は、平時（災害が発生していない状態）の取り組みとは浸透度が違います。ただし、教訓として活かす対象を整理することが必要です。次の二つの視点を組み合わせて、考えてみてください。
　一つは、当該の作業（職場）だけを対象にするのか、他の作業（職場）でも対策を実施すべきなのかということです。もう一つは、教訓の活かし方です。①設備改善や機器の整備、取り扱う物の変更などハード面の対策が必要なこと、②作業手順・施工方法などの変更が必要なこと、③教育制度に活かすべきこと、④注意喚起を促すレベルのことなどが考えられます。

(4-2) 教訓を活かし続ける
　さらに付け加える視点としては、教訓を活かす時間です。言われなくても、「今後永久に活かし続ける」ことが当たり前とするのならば、それなりの歯止めを掛けておくことが必要です。歯止めは、基本的には制度的な対応になります。設備面の対策であっても、設

備を更新したり改造しても、その対策の考え方を活かして続けていけるように事業場の規程・基準にする（設計基準、購買基準への織り込みなども含めて）ことになります。関係者が「キチンと認識しているから大丈夫」と考えがちですが、長続きしないこともあります。10年前に起きた災害の教訓が、どこで、どの程度活かされているのか考えてみれば分かるでしょう。後に類似の災害が発生してしまってから悔やむことがないように、実効の上がる方法を考えて取り組むようにしたいものです。

　なお、災害が起きた時に、責任者を厳しく叱責する上司がいますが、厳しくすれば、何でも解決するということはありませんし、その「効果」は長続きしません。責任を感じ、悔やんでいる部下を責めることが生産的だとは思えません。

（4-3）災害が起きて気付く

　「ルールを守れば災害は起きないし、対策はむずかしい」と考えていた仕事で災害が起きることがあります。災害が起きるまでは「安全」だったはずの仕事です。災害が起きるまでは実施不可能とされていた設備対策が、災害発生後にすぐに実施されることがあります。真剣に考えていれば、実施できていたはずの対策だったということになります。日頃現場を見る時の視点としても持っておきたいと思います。

　また、災害が発生した場合は、その原因をとことん突き詰めて考えていくと、安全衛生管理に留まらない事業場の課題が見えてくることがあります。総括安全衛生管理者の立場で、人の問題、職場マネジメントの問題、設備の問題、仕事のすすめ方の問題など多面的に考えてみることを勧めます。

4. 労働災害発生時の対応　　161

(5) 災害報告書を作る

(5-1) 目的に沿って作る

　災害報告書を作る理由は、一つは事実を正確に残すということになります。事業場（会社）としてのリスク管理という面もあります。もう一つは、類似の災害を防止するために教訓を活かせるようにするということになります。目的に応じて、報告書の内容（様式）を分けた方がいい場合もあります。後者の場合は、各職場が災害から教訓を得て実際の作業等で活かすことに重点を置いた内容にすることを勧めます。

(5-2) 事務的職場でも

　事務的な業務を行う事業場等の場合、災害が起きても、従業員には特段の情報を提供しないというところがあります。「噂話で従業員に情報が流れる」ようなことは避けるべきです。キチンと報告書を作って周知させることが、従業員に対する事業場としての姿勢を示すことになります。

(6) 災害統計の活用

　労働災害統計で用いられる基本的な指標としては、度数率、強度率、千人率があります。いずれも母集団が大きくないと、単年度の指標としての意味はほとんどありません。また、会社や業種が違うと（ましてや国が違うと）、単純に比較できないことがあります。

　労働災害統計も、安全水準などを判断する材料として活用することがありますが、「統計」の意味や限界を理解して、正しく使うこ

とが必要です。

(7) 熱中症の情報を活かす

　熱中症がなかなか減りません。熱中症予防について実施すべきことは、ほぼ確定していますので確実に実施することが必要です。災害と同じで、多くの人たちは、「自分は大丈夫」と思っていることが多いと思います。このような思い込みを払しょくするには、多くの事例を従業員に伝えることが必要です。事業場内外の熱中症情報について、具体的な発生状況を含めて繰り返し周知させることが有効でしょう。

(8) 職業性疾病の特徴

　前述のとおり、ケガと違った特徴があることを頭に入れて対応する必要があります。職業性疾病は、発症した一人だけの問題ではなく、当該の職場で同じ負荷を受けたり、同じ作業環境下で仕事をしている（していた）従業員の問題である場合が少なくありません。職業性疾病は、本人の医療機関受診時や健康診断受診時に発見されることが多くなります。石綿による健康障害のように、過去の従事した業務に起因している場合もあります。会社退職後の元従業員や家族等から連絡が入るといったこともあるでしょう。

(9) 労災保険を使う

(9-1) 労災保険の給付
　労災保険（労働者災害補償保険）の給付申請は、制度的には原則

4. 労働災害発生時の対応　　163

として被災者本人が行いますが、事業場が本人に代わって実質的な
手続きをすることが多いと思います。

　労災補償の対象になるか否か（労働災害か否か）は、基本的には
労働基準監督署（労働局）の判断によります。業務起因性・業務遂
行性などが要件になります。

　労災保険制度は政府が管掌しており、労災保険から、療養補償（治
療費）、休業補償（休業による給与の損失）、障害補償（残存障害が
残った時）、遺族補償、葬祭料、介護補償などが給付されます。

(9-2) メリット制

　労災保険料は、特別な場合を除き、「支払賃金総額 × 労災保険
料率」で求められ、全額事業主（会社）が負担します。労災保険料
率は、業種別に決められた基本料率（支払賃金をベースにした保険
料算出のための料率）と、メリット料率などから算定されます。業
種として労働災害が減れば、長期的には基本料率が下がります。事
業場単位でも労災保険が支給される額が下がれば（大雑把には「労
働災害が減れば」と理解しておけばいいでしょう）、保険料率の割
引があります。逆に支給額が増えれば、割増ということになります。
なお、通勤途上災害も労災補償給付の対象ですが、メリット料率の
算定時には勘案されません。

(9-3) 健康保険は使えない

　労災保険を使わないで、健康保険を使って治療させるようなこと
は違法です。治療費（療養費）は事業者が負担することが労働基準
法で決められていますし、休業補償などについても規定されていま
す。これらの規定には罰則があります。これらの事業者負担を担保
する制度が労災保険制度です。

なお、工事（建設業）などの一人親方（個人事業主）は労働者ではありませんので、原則として労災保険の適用対象外ですが、特別加入制度で労災保険制度を活用できることになっています。事業場が発注する工事などで２次下請け、３次下請けなどとして事業場内で仕事をすることになる可能性もありますので、元請事業者などに特別加入制度の加入勧奨を指導している事業場もあります。

(9-4) 付加補償

　会社によっては、労働協約や就業規則に付加補償（名称は会社によって違います）の規定があります。このような付加補償の有無に関わらず、民事訴訟になり、損害賠償請求されたり、慰謝料を求められたりすることもあるかもしれません。訴訟になれば、過失相殺などの考え方による判断も加えられます。ただし、民事訴訟を提訴されるか否かは、被災者関係者や事業者の考え方などを含めてさまざまな因子が影響します。

5. 安全衛生計画を作る

　目指す安全衛生水準に到達するための計画について考えてみます。目標を達成するためのステップという位置付けや重点的に取り組む活動（施策）の整理という意味もあります。行事計画を安全衛生計画としている事業場もありますが、これは行事計画表ですので、分けて考えてください。

(1) 計画の期間

(1-1) 実現するための期間

　安全衛生管理に限りませんが、中長期的な見通し（どのような状況を創り出していくのか）の下に、安全衛生計画は作りたいと思います。1年という期間は、区切りがいいですし、見通せる期間ということではあるのですが、全ての取り組みにおいて最適な期間とは言えません。1年で状況を改善できることもあれば、もっと短期間で出来ること、逆に長期間要することがあります。安全衛生計画を毎年作る事業場が多いと思いますが、3年単位の中期計画しか作らないという事業場もあるようです。

(1-2) 積み重ねる

　事業場の過去の安全衛生計画を確かめてみてください。その計画が本当に実行できていたら、足元の状態は理想的な状態になっていたはずだということはないでしょうか。2、3年前の計画すら忘れ去られている事業場もありますし、毎年ほとんど同じ計画という事

業場も見られます。短期間で実施できることは実施するとしても、後戻りしてしまっては労多くして実りが少ないということです。取り組んで達成したレベルが、そのまま持続することは多くないかもしれません。一方、短期的には成果に結び付きそうにないことであっても、継続して実施をすることによって安定的な状態を生み出すかもしれません。多くのことに一斉に取り組むのではなく、一つずつ着実に成果を積み重ねていくという選択もあります。いずれにしろ、戦略的に考えたいものです。ゆるぎない安全衛生管理の基盤を作っていくという考え方で計画を作ることが望まれます。

(2) 計画の考え方を示す

　計画の策定には、前文として計画の考え方（方針）を示すことが一般的です。安全衛生管理で基本方針が重要なように、毎期の計画でも考え方を示すことが大切です。どのようなところに課題を見出して、どのような考え方で遂行し、どのようなところを目指すのかについて、総括安全衛生管理者の考えを反映したものにしてください。

(3) 計画を作る手順

　事業場で一体となって安全衛生水準の向上に取り組むためには、事業場として安全衛生計画を策定するだけでなく、各部門、各職場でも作成しておくことが必要です。
　総括安全衛生管理者の意向を踏まえて、安全衛生部門が安全衛生委員会などに諮って事業場の計画を策定して提示し、各部門の計画を策定、さらに現場第一線の各職場が計画を策定するという手順が

一般的でしょう。各職場の課題を確認して、事業場として積み上げて統合していくやり方もあります。年間の計画では、前年の夏頃から検討を始めている事業場もあります。検討の過程が、関係者の問題意識を先鋭化して、安全衛生水準を上げることに結び付く面もあります。

⑷　計画を見直す

　計画を作れば、その計画に従って実行していくという考え方は、組織として当然です。ただし、実行していく中で、課題が見付かれば、期中であっても見直しが必要なことは言うまでもありません。経営計画でも見直しがありますが、安全衛生管理についても、計画を大切にするからこそ、計画の見直しも大切にしなければないということになります。

IV
実効性を求めて

1. 事業場課題を考える

　安全衛生部門が取り組むというより事業場課題と考えて取り組むべき安全衛生関連の課題があります。主な課題を取り上げて、簡潔に考え方を整理してみます。

(1)　メンタルヘルス

　ストレスチェック制度の運用だとか、休業⇒復職対応など健康管理面の課題として注目されていますが、個人の問題（個別対応の問題）としてではなく、第一義的には、職場のマネジメントの問題として考えることが必要です。従業員が活き活きと働くことができるようにするという取り組みです。健康管理関係者の中では、職場環境改善と言われています。事業場としてどのような部門が対応したらいいのかをよく検討する必要があります。健康管理関係者は知識としては知っていることが多いですが、実際の事業場マネジメントに関わったことがあるということは稀ですので、健康管理部門だけに任せておくことは勧めません。一方で、集団分析など職場のマネジメントの状態を産業医などが客観的に見ての評価は、貴重な情報ですので活用することが欠かせません。

　当然のことですが、休職・復職の医師としての診断や法令に基づく面接指導は、健康管理部門（産業医など）の仕事です。

1. 事業場課題を考える　　171

(2)　ダイバーシティ

　ダイバーシティへの対応は、法令に定められた事項を順守することを前提として、すべての従業員が、安全に、それぞれの持てる力を最大限発揮できる環境や制度にするということが基本です。

　男性と女性では、身体的機能や特徴の違い、生理的機能の違いがあります。外国人従業員は、言葉や生活習慣の違いに配慮が必要な場合があります。日本人従業員の仕事を外国人従業員が引き継ぐ場合は、日本人と同様に「安全に仕事をする」ことができるようにするという視点で、必要な対応を検討することになります。障害者は、障害の内容を踏まえて環境などを整備することが基本で、実際の業務の状況を見ながら改善すべき点があれば対応していくことも必要です。

　ダイバーシティへの対応というよりも、すべての従業員が安全で健康に働きやすい状態をつくるという視点で取り組むことが、すべての従業員のより前向きな気持ちを引き出すマネジメントになります。

(3)　加齢

　加齢による機能の変化への対応も、高齢者のためではなく、全従業員が働きやすくすることだとの認識で取り組むと知恵が出ます。若い従業員にとっては、将来に備えるという視点にもなります。加齢による変化はマイナス面ばかり強調されがちですが、経験によって身につく技能や判断力などは、歳を重ねることにより、身に付いてくることもあることを強調しながら対応をすすめることも必要で

す。

　加齢による機能の変化の主なものは、一般的には、目の調節機能低下（いわゆる老眼）、動体視力低下、明暗順応力低下、高音域での聴力低下、短期記憶力低下、記憶再現時間延長、瞬間判断力低下、反応時間遅延、打鍵速度の低下、心拍出量の減少、最大酸素摂取量減少、睡眠量・質の低下、筋力（背筋力、握力、下肢筋力等）低下、重心動揺などと言われています。実際には、職場で働く高齢の従業員に課題をヒヤリングすると課題が具体的になります。

⑷　ハラスメント

　安全衛生管理の範疇ではないという面もありますが、パワハラ、セクハラなどのハラスメントは、安全やメンタルヘルスを中心とした健康の問題として顕在化することがあります。ハラスメントは、加える側（加害側）と加えられた側（被害側）の認識が異なることが多くありますので、早期に必要な対応を行うためには被害側（本人または同僚や家族）からの情報が重要になります。ハラスメント情報を受け付ける窓口（社内および社外のコンプライアンス窓口など）を設けて対応することが必要です。特に職場の上司からのパワハラがある（上司が加害側の）場合は、当該の上司から報告されるケースが少ないことも認識しておいてください。ハラスメントが起きているという事態が把握できた場合は、丁寧に被害者側と加害者側、あるいは同じ職場の従業員の話を聞くところから対応を始めることになります。誰が話を聞くかといったところは慎重に決める必要があります。被害者側には、人事部門や健康管理部門（産業医など）の第三者が対応した方がいい場合も多いようです。ハラスメントについて正しい理解が、予防には欠かせません。全従業員を対象

1. 事業場課題を考える　　173

にした教育・啓発を継続的に実施することが必要です。ここでは対応について詳しく触れませんが、ハラスメントは職場マネジメントの問題です。

(5) 長時間労働（過重労働）

　平成28年（2016年）から内閣主導で「働き方改革」をすすめる動きが加速しました。健康の問題とも深く関わっています。特に長時間労働（過重労働）については、健康管理面でのケアが求められています。ただし、健康影響を考える時は、対象者の心身の健康状態、労働時間以外の時間の過ごし方（睡眠時間など）や仕事の内容などを総合的に勘案することになります。なお、労働時間の把握を本人の申告のみに頼ると、実際と異なる始終業時刻の申告が問題になることがあります。就業時間という枠組みにはめ込むことだけを求める指導や管理をしていると、本来の目的（健康管理など）から外れた行動を誘発することがありますので、気を付ける必要があると思います。長時間労働の問題についても対応については詳述しませんが、ハラスメントと同様に、基本的には職場マネジメントの問題です。健康管理部門での対応は限定的にならざるを得ませんので、事業場として適切な管理ができるようになっているか確認してください。安全衛生管理を担う立場での「働き方改革」は、労働時間の問題としてだけでなく、安全で健康に仕事ができる状態にするという視点で考えたいと思います。

2. 安全活動について確認する

事業場で取り組まれている安全活動はさまざまです。主な活動を取り上げて概説し、効果を上げるために必要だと考える視点をまとめました。総括安全衛生管理者の立場で、事業場の安全活動を見る時の参考にしてもらいたいと思います。

(1) 整理整頓

前述しましたが、整理整頓は安全衛生管理だけでなく、いろいろな意味でいい仕事をするためには欠かせません。仕事が安全に効率的にできるという合理性が大切だと思います。躾などと一緒にした打ち出し方をしている事業場もありますが、従業員から見ると違和感があるのではと思います。品質や生産性の向上にも結び付き、「儲かる」と直接的な経営貢献の方策として取り上げられることもあります。整理整頓の状態を職場毎に審査する制度を設けている事業場もあります。

(2) 職場ミーティング

職場で従業員が連携を保ちながら仕事をすすめたり、一体感を持った職場づくりのためには欠かせません。始業時、終業時に限らず、情報を共有することが必要なタイミングで実施することになります。ミーティングをすること自身が目的ではありませんので、ミーティングの目的が果たせるようにする工夫が必要です。リーダーと

2. 安全活動について確認する　*175*

なる監督者等への教育も必要でしょう。

　始業時のミーティングに合わせて体調確認や体操を実施している事業場も少なくありません。始業時の体操は、少なくとも仕事への「構え」をつくることになるでしょう。始業時に腰痛予防体操や簡易運動機能テスト（ふらつき検査など）をしている事業場もあるようです。

　なお、ミーティングも体操も、従業員の参加を義務付けるのであれば、就業時間としての位置付けも必要となります。

(3)　タッチアンドコール、唱和

　始業時などに職場全員で声を出したりして、安全な作業をしようという気持ちを固める方法としてタッチアンドコールや安全唱和などがあります。やり方はさまざまですが、職場の一体感を醸成する一助になると思われます。

(4)　危険予知訓練（KYT）と危険予知（KY）

(4-1) KYT／KYとは

　KYTは、感受性を向上させる訓練手法です。経験を積み、知識が増えてくると、見えてくる危険も変わります。繰り返すことも大切です。

　KYを危険予知活動（KYK）と呼んでいる事業場もあります。作業前に、作業の手順を確認して、必要な安全対策を確実に実施するために行います。手順を確認し、危険を洗い出して対策に結び付けることになります。工事現場などでKYボードに「高所では安全帯を着ける」などと記載されていたり、始業ミーティングのKY記録

に「つまずきに気を付ける」などと記録されたりしているのを見ることがあります。これだけでは、基本ルールや一般的注意事項の確認であって、KY（危険予知）になっているとは思えません。作業の手順かを確認することから始めて、安全な作業に結び付くKYにしたいものです。形式的な取り組みは、安全衛生管理を形骸化し、安全衛生水準を下げることになります。

（4-2）危険を予知するのか

　KYTもKYも「危険」（落ちる、挟まれるなど）を予知するだけに留まらず、「災害の程度」（骨折する、指を切るなど）や「事故の大きさ」（休業災害、不休災害など）を予知するようにした方が、実効の上がる対策に結び付くでしょう。また、KYは記録に残して上司が確認するシステムにしたり、作業終了時に次の作業をより安全にするための改善に結び付ける仕組みを作ると、よりKYの意義も深まります。

　なお、危険予知を徹底するためには、危険予知をするための時間がいることは言うまでもありません。時間が危険予知の内容を左右する面があります。危険予知の時間が1分であれば1分なりの危険予知になりますし、10分であれば10分なりの危険予知ということになります。

（4-3）対象を広げて

　技術スタッフや工事管理スタッフ、管理者、監督者など、それぞれの役割や職制を分けてKYTを行っている事業場もあります。使う資料（KYシート等）も分けて準備することが必要になります。安全だけでなく、品質管理にも同じ手法を用いている事業場もあります。

2. 安全活動について確認する　　177

⑸ ヒヤリ・ハット報告

　ヒヤリ・ハット報告（筆者は「ヒヤリ事故報告」の方が言葉としては適切だと思っています）が出された時にどう取り扱うのでしょうか。ヒヤリ・ハット報告を活かすためには、報告されたら、職場の管理者が報告者と共に現地に行って、ヒヤリとした状況について確認することを勧めます。このようにすると、職場のトップがヒヤリ・ハット報告に関心を持っている（報告者（の安全）に関心を持っている）ことを行動で示すことになります。どんなに些細な事であっても関心を示すことが、報告者が報告することの意義を感じることに繋がります。職場の管理者は、現地を見ると「何か指導をしなければ自分の立場がない」と思いがちですが、真剣に聞き、共に考えることこそが、管理者への信頼を高めることになりますし、ヒヤリ・ハット報告の質を高めます。ヒヤリ・ハット報告は、現場第一線から管理者への貴重なメッセージです。

⑹　安全衛生改善活動（安全改善提案）

　職場の安全衛生管理に対する意識の向上にも結び付きます。改善の対象を狭い意味の「安全」に絞らず、「仕事のしやすさ」も対象にする（人間工学の視点を持って取り組む）と改善の幅が広がり、従業員もより積極的に取り組むことになります。改善する対象を顕在化させることは、危険を認識することにもなります。現場第一線の改善活動は、このような意味でも意義があります。
　改善に当たっては、改善による影響を評価することも必要です。強度や性能面で危険な状態を誘発したり、かえって不安全な作業や

点検などを行うことになったり、品質などにマイナスの影響があったりしては、本末転倒です。改善前の関係者での検討や、改善した後の試運転などでの確認と、使用開始後のフォローも欠かせません。一般的な設備改善や設備新設時と同じです。

　アイデアはあっても、技術的にも時間的にも職場（提案する従業員）で実現するのはむずかしいことが意外に多いと思います。職場のアイデアに価値を感じるのであれば、改善を担当する組織をつくるのも一つの方法です。「すぐやる課」という組織を事業場につくって、職場の小改善に関するアイデアを実行に移していった会社があります。現場第一線のアイデアを活かすという会社の姿勢は、現場第一線の従業員の前向きな気持ちを引き出し、安全に留まらないプラスの効果があります。

(7)　安全行動調査、性格診断など

　従業員の特性を把握して、安全を確保しようという取り組みですが、「善悪・良否の判断を行う」とか、「監視の対象を特定する」などの発想での実施は、職場内に亀裂を生むでしょう。お互いに支え合える職場（事業場）風土があって初めて活かすことができます。

(8)　指差呼称（指差喚呼、指差確認喚呼）

　「鉄道の信号の見落としや見間違いを減らすことができる」ことから始められた取り組みです。指差呼称をしている姿は、見ていて気持ちよく、安全に仕事をしているように見えます。管理する側からすると、心地よい取り組みです。ただし、実効性を考えると「指差呼称をすべての作業で」などという指導は適当ではありませんし、

2. 安全活動について確認する　　179

実態に合っていません。見掛けを求める安全管理は避けることが必要です。対象の考え方を決めておくという方法もあります。

(9) 挨拶

挨拶は上司がするものです。挨拶は、相手の存在を認めることですし、コミュニケーションの入口です。挨拶に大きな声は必要ないと思います。相手にハッキリと伝われば十分で、声に出さなくてもいい場合もあります。

(10) 会議・会合

事業場のすべての会議・会合では、最初に安全のことから始め、安全のことで終了しましょう。安全について一言触れることが、事業場の従業員の意識を変えます。日常的に安全衛生管理に直接関わらない管理部門の従業員の意識を高めることにも繋がります。

(11) 安全衛生職場交流

自分と同じ立場にいる人たちの安全衛生への関わり方は、とても参考になります。管理監督者を中心に、場合によっては現場第一線の従業員まで、計画的に他職場（他事業場）と安全衛生面を中心にした交流を企画したいものです。交流は会議室ではなく、職場を訪問して、現場で情報交換することが効果的でしょう。従業員同士の連携も進み、事業場としての一体感醸成にも結び付きます。

総括安全衛生管理者が社内他事業場の総括安全衛生管理者と交流する機会はあるでしょうか。事業場管理について検討したり報告し

たりする会議などで、他事業場の情報を得ることは多いと思いますが、安全衛生管理に目的を絞って、訪問し、意見交換するような機会を持つことは、さまざまな気付きに繋がります。可能であれば、他社事業場も安全衛生管理の視点で見る機会を持ちたいものです。

⑿　ネーミングと言葉遣い

　安全衛生活動や健康保持増進の活動には、前向きな気持ちを引き出すネーミングを工夫しましょう。たかが名前ですが、商品名と同じで、その活動内容に対するイメージを決めるだけでなく、名前によって誘導される活動内容の充実に結び付きます。

　安全管理で、「躾」だとか「資質」などという言葉が使われることがあります。不適切です。従業員が信頼されていないと感じたり、自ら向上しようという意欲を否定するような表現を使うことは避けなければなりません。

Ⅳ　実効性を求めて

2. 安全活動について確認する　　*181*

3. 安全管理の考え方を再確認する

　よく見聞きする安全管理の考え方や安全衛生管理で使われる言葉を取り上げて、筆者の見方を紹介します。安全管理をどのようにすすめたら良いのかを考える時のヒントになると思います。

(1) 災害統計と労働災害発生確率

　労働災害の発生頻度を表す代表的指標として、度数率（100万労働時間当たりの死傷災害発生件数）があります。日本の休業災害度数率（労働者100人以上の事業場）は、全産業で1.6程度、製造業で1.0程度になっています。度数率は次のような災害の発生頻度を表すことになります。

> 度数率1.0≒500人の事業場で1年に1件の災害発生
> 　　　　　　　　　⇒10人の職場で　50年に1件
> 度数率0.1≒500人の事業場で 10年に1件の災害発生
> 　　　　　　　　　⇒10人の職場で　500年に1件

　事業場や職場の規模によって違いますが、めったに起きないことに対して安全対策をするというむずかしさを連想させます。
　安全裕度（ジェームズ・リーズン著「組織事故」（日科技連）より）という考え方があります。「長い間事故が起こらないと、徐々に安全性が軽視され、めったに起きないことへの警戒は、忘れ去られてしまう」「生産性のレベルに沿った新たな防護がないままに生産性

182

を向上させると、安全裕度が徐々に狭まってくる」「安全性改善の
メリットが、しばしば生産性向上に振り向けられてしまうことによ
り、組織の安全性は事故発生以前と同様なレベルに逆戻りするか、
更にひどい状態に向かう」としています。肝に銘じておきたいと思
います。

(2) 危険感受性と危険敢行性

　安全活動で「危険感受性を上げる」ことを目指した取り組みが行
われることがあります。「危険敢行性」も注目されています。英語
にすればrisk-takingなのですが、日常の仕事や生活の中では「やっ
てしまう」くらいの理解の方がピンとくるように思います。riskを
冒さないということが望ましいとは、一概に言えない面もあります。
経験的に言えば、総括安全衛生管理者のようなトップに立つ人は、
概して危険敢行性が高いはずです。安全管理の面では、災害に結び
付くようなことを「やってしまう」ことがないようにしたいという
ことになります。個人差があり、組織文化にも影響されます。
　これらの個人差は、生まれてからの長年の生活・環境の中で個性
となって確立されてきたもので、簡単に変わるものではありません。
　危険感受性と危険敢行性の考え方は、事業場の安全衛生活動に取
り入れるとしたら、個人の特性として本人と職場関係者が認識して
（認めて）、その特性を理解した上で、安全な行動に促す職場活動や
指導に結び付けることになります。ハード面の対策が効果的だとい
うことが分かるという面もあります。感受性を高め、敢行性を抑制
するという「特性を変える」ことを目指した取り組みとして位置付
けても、効果はあまり期待できないでしょう。

3. 安全管理の考え方を再確認する　　183

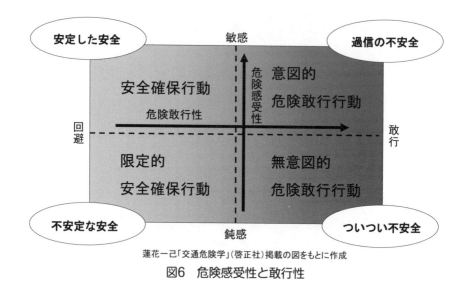

蓮花一己「交通危険学」(啓正社)掲載の図をもとに作成
図6　危険感受性と敢行性

(3) ヒューマンエラーと不安全行動

(3-1) 便利な言葉

　人は失敗することがあり、失敗から学ぶこともあります。意図しない不安全行動のことに限定してヒューマンエラーという言葉を用いることもあります。労働災害の原因としてヒューマンエラーが挙げられることがあり、この概念が整理されてから、便利に使われてきたと思います。便利にというのは、失敗の解釈としてという意味においてです。設備的な原因であっても、全て人が絡んでいますので、必ずと言っていいほどヒューマンエラーに結び付けて原因が語られます。たとえば、設備の故障や劣化では、点検で見逃していたとか、点検の頻度が不適切だったということになります。センサー技術の進化やデータ管理の充実、AIの幅広い導入などで、人の判断が直接の原因とされる事故・災害は減ってくることが期待されますが、人が関わる限り、ヒューマンエラーが無くなることはありません。

ヒューマンエラーを抑止するためには、「人の問題」として人だけを対象に取り組むよりも、ハード面での対策（技術的対策）の方が効果は確実です。人間の特性を考えてミスを減らす人間工学的対策も欠かせません。対策の対象には、作業手順（作業設計）、作業環境なども含まれます。

（3-2）不安全行動対策

　不安全行動という言葉は不安全状態と対にしても用いられます。ヒューマンエラーに比べて、「意図的」という意味が強く感じられます。何が不安全行動に当たるのかは、さまざまなテキストなどに例示されています。不安全行動をして確実に災害が起きるのであれば、不安全な行動をすることはほとんどないでしょう。ほとんどの場合に大丈夫だ（災害に繋がらない）から不安全な行動が無くならないのです。不安全行動による災害を完全に無くすためには、当該の作業を無くしてしまう（取り扱いの対象物を変えることを含めて、本質的安全設計方策）か、安全防護などにより不安全な行動をしようとしても設備的に安全を確保することになります。一方で、人が関わらざるを得ない作業は無くなりませんので、教育や指導を繰り返したり、管理面の対策を実施することも欠かせません。

（3-3）環境による抑制

　事業場や職場の風土が不安全行動を抑制したり、誘発したりすることがあります。あらゆる場面で、「安全に仕事をする」ことに価値があることを伝え、従業員が感じられるようにすることが不安全行動を抑制します。

3. 安全管理の考え方を再確認する　185

(3-4) 監視する

　不安全行動を抑制するためにカメラなどで監視するという考え方もあります。画像処理技術を含めたセンシング技術が向上して、監視用のカメラも安価で使いやすくなってきています。一人作業が増える中で従業員の急な体調不良なども含めて見守るという目的ならばいいのですが、従業員を不審者のように監視するという発想は好ましいものとは思われません。このような技術は、機械安全対策の一環としての安全防護に活かしていければと思います。

　移動式のセンサーとしては、保護具（安全帯）の着用忘れ防止センサー、熱中症予防用のウェアラブル計測端末、有害ガスや酸欠の測定に用いる装着形（ポケット型）酸素濃度計・有害ガス濃度計などを筆頭に、AIやIOTを含めたICT技術を活かした安全監視技術が進んでいくものと思われます。スマホを媒体に活用することもあるでしょう。従業員の安心感に技術を活かしていく範囲が広がっていくと考えます。

(4)　事故・災害分析

　事故・災害や故障などの分析手法として、4M分析（Man、Machine、Media、Management）、FTA（Fault Tree Analysis）、FMEA（Failure Mode and Effects Analysis）、連関図法などが代表的なものとして挙げられます。「なぜなぜ分析」も用いられているようです。これらの分析手法は、予防的に用いられることもあります。このような分析が欠かせない事故・災害もありますが、すべての事故・災害で（特に小さな事故・災害では）これらの手法を用いて分析するのは、現実的ではないこともあります。また、これらの手法を用いる過程で、各要素への当てはめだけに注力して、大局

観を失うことがないように気を付ける必要があります。

　ヒューマンファクターに関わる要素を整理したSHELモデル（m-SHELモデルなどモディファイしたモデルもある）も安全衛生管理を考える上で参考になります。4M分析の考え方とベースは同じだと思っています。

(5)　チェックリスト

(5-1)　あるべき姿を示す

　あるべき姿を項目に整理して、実施状況をチェックすることになります。安全衛生管理でも有用です。管理項目別のチェックリスト（いわゆる点検表などを含めて）のほかに、安全衛生管理業務全般を対象にしてそのレベルを評価して改善に結び付けるようなチェックリストもあります。内部統制などの事業のリスクマネジメントのために用いられることもあります。

　管理項目別のチェックリストの場合、○×式で判断できるかという点と、「○を付けて記録を残す」ことが目的になってしまうこと（自己目的化した対応）になりがちな点は注意が必要です。チェックすることによって課題を確認するといった本来の目的に沿った運用になっているか確認が必要となります。

(5-2)　細かいメッシュ

　管理業務を対象にしたチェックリストは、事故・災害、事件の発生とともにどんどん精緻になって項目数が増えていく傾向があります。項目数が増えれば、確実に課題を洗い出せるかというと、必ずしもそうはいかないと思います。篩の網目が細かくなっても、その網の線が細くなったり、空隙率が変わらなかったりということもあ

3. 安全管理の考え方を再確認する　　*187*

りますので注意が必要です。全体のマネジメントの状態を振り返る（大きく網を掛ける）ことができるような項目も必要でしょう。網目から抜け落ちてはいけないという「意識を醸成する」、「風土文化にする」ことも大切です。

(5-3) チェックを繰り返す

チェックリストを用いてチェックを繰り返して行う場合は、チェックが形骸化しやすい面がありますので、注意が必要です。毎日実施する日常点検（使用開始前点検）などは特に注意がいります。

チェックリストに限りませんが、確実に確認するための手法としてダブルチェックが用いられることがあります。ダブルチェックは、人が実施する場合は、どうしても「自分以外の人もチェックしてくれるのだから大丈夫」という気持ちを持つことに繋がってしまうことを忘れないようにしたいと思います。

(6) PDCA

安全衛生管理でも「Plan-Do-Check-Act」というサイクルを回して、スパイラルアップさせることが必要なことは、他の管理と同じです。OSHMSなどのマネジメントシステムの基本的考え方です。このサイクルで筆者が気になることは「Check」です。何をどのようにCheck（評価）するかによって、スパイラルアップに繋がるかが決まると言ってもいいと考えています。Checkは、目指す状態との関係で評価する内容を決めることが重要です。無理に数値化した目標に対して、実績をCheckしても実質的な向上に結び付かないこともあります。

(7)　安全文化

(7-1)　安全文化の定義

　国際原子力機関（IAEA）の国際原子力安全諮問グループ（INSAG）
は、「安全文化とは、組織の安全の問題が何ものにも勝る優先度を
持ち、その重要度を組織および個人がしっかりと認識し、それを起
点とした思考、行動を組織と個人が恒常的に、しかも自然に取るこ
とのできる行動体系である」と安全文化を定義しています。チェル
ノブイリ原発事故（1986年）の原因調査の過程で生まれた概念で
す。

(7-2)　4つの文化

　ジェームズ・リーズン著「組織事故」（日科技連）は、安全分野
ではよく知られた書物です。その中で、安全文化の要素として、次
の4つの文化を取り上げています。抜粋して、要約を記載します。
正確に知りたい場合は書物で確認してください。安全衛生管理の面
だけでなく、事業場の運営にも参考となる視点があると思います。

> ・報告する文化：自らのエラーやニアミスを報告しようとする
> 　組織の雰囲気がある⇒正しい種類のデータを集めることが知
> 　的で望ましい警戒状態を継続することに繋がる（「情報に立
> 　脚した文化」）
> ・正義の文化：本質的に不可欠な安全関連情報を提供すること
> 　を奨励し、時には報酬をも与え、時には厳しい制裁を与えら
> 　れるような信頼関係に基づいた雰囲気がある⇒許容できる行
> 　動と許容できない行動の境界がどこにあるかについて明確に

3. 安全管理の考え方を再確認する　　189

理解する必要がある
- 柔軟な文化：ある種の危機に直面した時に、自らの組織を再構成する能力を持っている⇒第一線の技術、経験、能力を尊重することに特に大きく依存する
- 学習する文化：安全情報システムから正しい結論を導き出す意思と能力、そして大きな改革を実施する意思を持つ

　なお、筆者は「安全は、さまざまな安全に関する情報を共有し、管理システムの改善に活かすことによって水準が高まる」と考えています。そして、職場（企業・事業場）のもつ安全文化が、安全に関するすべての判断を左右する（＝発想のベースとなる）ことになます。安全文化は、人の命（安全と健康）に最大の価値を見出す中で生まれてきて、結果として「報告する文化」等の安全文化を支える構成要素が実体のあるものとなっていくものだと理解しています。

(7-3) 企業文化の中に

　事業場の安全水準を高めるためには、安全文化を構築していくことが必要だという考え方があります。しかし、「安全」だけに限った「文化」はありません。また、「人づくり」が安全文化を高めるとも言われますが、「人づくり」の対象は職場で業務に従事する従業員だけの問題ではないことは明らかです。「文化」は経営者や事業所長を含めた全従業員が、事業（業務）をすすめる時の発想の仕方として定着したものが「文化」だと筆者は考えています。企業の中、あるいは事業場の中には、大なり小なり固有の発想の仕方があります。企業文化と言ってもいいでしょう。安全文化は、企業文化の中にあります。

なお、個別の問題の背景には、必ず組織的要因（安全文化の問題）があるとして、何でも安全文化に帰結させてしまうことは適切ではないとも考えています。

(8)　スイスチーズモデル

　この考え方も、ジェームズ・リーズン著「組織事故」（日科技連）で示されたものです。安全管理を考える時によく説明に使われます。多層的に行われる管理の抜け（孔）が重なった時に事故・災害が起きるということを示したものだと筆者は理解しています。当たり前のことだとも言えますが、安全管理は多層的な管理を行っていても孔だらけでは実効に結び付きません。言い方を変えれば、数だけ多ければいいということでもないということもできますし、たくさんの管理が、孔が重なる確率を減らすことになるとも言えます。

(9)　報連相の方向

　報連相（報告、連絡、相談）を求める場合、一般的には、部下から上司にということだと理解されています。的を射た報連相を求めるのであれば、上司から部下への報連相は、部下に範を示すことにもなります。部下から上司への報連相は、ハードルが高いことがあります。上司からの報連相があれば、部下から上司への報連相のハードルも低くなります。また、部下に報連相を求める時は、上司の側の姿勢が重要なことは言うまでもありません。部下が必要だと思うからこそ、報告したり、相談したりするのですから、キチンとした上司側の対応が必要です。もし過剰な報連相になっていると判断するのであれば、部下が報連相の重要性を認識していることを評価し

3. 安全管理の考え方を再確認する　　*191*

つつ、的確な報連相について丁寧に指導するべきでしょう。特に「悪い情報」に関しては、報告も相談もしにくいですし、脚色して「問題がない」とか、「小さい」というように不正確に伝わりがちです。オブラートに包まれているのが普通くらいの受け止め方が必要な場合も少なくありません。報連相は、安全の問題に限らず、仕事をすすめる上で欠かせません。安全の問題と限定しない方がいいでしょう。

　総括安全衛生管理者と安全管理者、衛生管理者などとの間でも報連相が必要なことは言うまでもありません。

(10)　レジリエンスを鍛える

　予想外の出来事に対して、レジリエンスが重要だと言われています。組織としても個人としても必要な対応力でしょう。単純に日本語にすれば「回復力」になりますが、もう少し幅広い概念として用いられています。もともとは物理学の用語らしいですが、精神医学や自然災害、大事故への対応などでも広く用いられる言葉（考え方）になりました。「レジリエンスが強い」などという言い方もされます。詳しくは、出版物などで確認できますので、関心があれば調べてみてください。

　レジリエンスは、幅広い状況認識と柔軟な発想をベースにした肯定的な展望の下に生まれると筆者は理解しています。このレジリエンスは、多くは危機的状況を想定して語られますが、非常事態だけにうまく対応することを期待しても無理があります。仕事の中で日々起きている事象の中にも小さなレジリエンスがたくさんあり、それを鍛えるのは事業場の文化であり、業務のすすめ方だと考えます。

⑾　Safety Ⅰ & Safety Ⅱ

　エリック・ホルナゲルという安全学の大家が示している概念で、安全問題を研究する人たちの間で注目されています。どのように受け止めるかは人それぞれだと思いますが、筆者は、事故・災害から安全を判断するのではなく、事故・災害が起きない状態から安全を見ることも必要だというように理解しています。簡潔に言えば、「不安全から判断する」か「安全から判断する」かの見る方向の違いで見えてくることが変わるということです。関心があれば、原文「Safety Ⅰ & Safety Ⅱ－安全マネジメントの過去と未来」（海文堂）で確認してください。

　この考え方も、安全だけでなく、事業場のマネジメントを考える上でも参考になると思います。

⑿　妥協しない指導

　妥協しないで最後までやり遂げることはなかなかむずかしいと思いますが、目指すところにたどり着かなくなるような妥協はしたくないものです。総括安全衛生管理者は、安全衛生管理について自分ですべてを実施することはできませんので、部下や担当部門に任せざるを得ないことも少なくありません。多少横道に逸れることがあっても、目指すところにたどり着けるようにコントロールしておきたいと思います。また、総括安全衛生管理者退任後に後戻りしてしまうことがないような取り組み（当たり前の状態にする）を志向したいものです。

　「指導は厳しく」とか「愛情を持った指導を」などと言われます。

3. 安全管理の考え方を再確認する　　193

感情的で、自己中心な指導などは、客観的にはパワハラとされることが少なくありません。指導は改善に結び付いてこそ意味があります。すべてのこと（事業場、関係従業員、その他のステークホルダーなど）に責任を持つという自覚を背景にし、次のステップに結び付く指導でありたいものです。

4. 労働衛生上の問題について考える

職業性疾病に結び付く労働衛生上の問題の多くは、事業者責任の問題です。従業員の不安全行動に帰結させることはできません。作業管理や作業環境管理の基本的な問題は押さえておく必要があります。

(1) 考え方の基本

急性の問題（急性中毒、酸欠、災害性腰痛など）を除き多くの労働衛生上の問題は、基本的には量反応関係があります。長期にわたって加わった負荷（たとえば、発がん性物質の使用、騒音ばく露など）が、職業性疾病などとして表れてくることがあります。今まで問題が起きていない（顕在化していない）からと言って、今後も問題が起きないとは限りません。衛生管理者や産業医から、どのような労働衛生上の課題があるか時間を取って確認しておいてください。事業場のリスクとしての課題と対応を整理しておくことが必要です。

(2) 作業環境問題のポイント

(2-1) 法規制の対象

法令で具体的に管理方法が規定されている作業・物質は、影響が広範囲（幅広い業種や多くの労働者）に及ぶと考えられたり、社会的に注目を集めたりしたことにより、管理の対象になっていると考えておいてください。

4. 労働衛生上の問題について考える　　*195*

法令で対象になっている物質・作業は極めて限定されています。対象となっていない物質や作業について、課題が無いという意味ではありません。法令に具体的に規定された管理は、必要な管理の一部だと考えておくことが必要です。安全管理と同じです。

(2-2) 定期作業環境測定の結果

指定作業場（作業環境測定士が測定を行わなければならない作業場）等の測定結果は、第一管理区分（○）、第二管理区分（△）、第三管理区分（×）に分けて評価が示されます。法定の測定に限らず、作業環境測定結果は、測定（サンプリング、分析）の仕方で結果は大きく変わりますし、毎回変化があるものです。結果を管理区分で把握することは大切ですが、職場の実態を正確に表しているのかについては担当部門がしっかりと現場の実態と突き合わせて判断することが大切です。

(2-3) 個人ばく露測定

作業環境の把握の代表的方法には、「場の測定」と言われる方法と、「個人ばく露測定」があります。前者は、指定作業場等の測定方法です。製品に対する検査と同じで、作業環境の把握についても、必要に応じて多面的に行う必要があります。

(2-4) 影響の範囲

作業環境は、協力会社等の職場にも影響を及ぼしている可能性があります。工場内の騒音や発散する化学物質などが、工場内で働く協力会社従業員に影響を及ぼしていることはないでしょうか。損害賠償請求に繋がったケースもあります。

(2-5) 総合的な負荷

　「有機溶剤は問題なし」、「粉じんは問題なし」、「温湿度は問題なし」などと個別の管理項目別に見れば問題が無くても、そこで働く従業員に重複して負荷が掛かっていることはないでしょうか。たとえば、高温環境下での重筋作業は呼吸量が増えることによる影響もありますし、保護具の使用も負荷が大きくなります。総合的に負荷を見るという視点も必要です。

(2-6) いわゆる3K作業

　作業負荷が大きい作業があります。多くは付帯作業（清掃、整備など）で、協力会社などに発注していることもあると思います。頻度が少なく、通常目に触れない作業が多いと思いますが、円滑に事業を継続するためにも、作業環境や作業負荷の面で解決すべき課題がないか確認してください。

(2-7) 潜在している課題

　表に出てきにくい課題があるかもしれません。化学物質取り扱いによる体調不良、皮膚疾患、腰痛、騒音性難聴などが思い付きます。「これくらいなら大丈夫」と考えがちな問題です。アンテナを高くして情報を収集させることが大切です。

4. 労働衛生上の問題について考える　　197

5. 健康管理について考える

　従業員の健康の問題をどのように考えるのでしょうか。メンタルヘルスの問題や長時間労働問題を含めた健康管理が安全衛生管理の主要課題になってきた感があります。法令でもさまざまな規定が整備され、事業者にも多くのことが求められるようになりましたが、事業場の健康管理に関して、制度的な対応ばかりに目を向けていては、「処理業務」になってしまうおそれがあります。事業場として、従業員の健康問題の意義を見据えて、取り組む必要があります。この章では、主として職業性疾病管理以外の健康管理について考えていきます。

(1)　健康の問題を見る向き

　事業場における健康管理の問題は、医療の問題ではありません。医療関係者に任せておかずに、普通の感覚（他の業務に関する感覚と同じ感覚）で健康管理問題を考えてください。ただし、健康管理固有の問題（医療に関わる専門性、個体差、個人情報など）があり、これを無視すると、トラブルの原因にもなりますので注意が必要です。いずれにしろ、従業員の前向きな気持ちを引き出すことができるように、総合的に見て実効の上がる健康管理の取り組み方をしたいものです。

　事業場にとっての健康管理の問題は、二つの側面があると考えます。一つは、業務に起因して発生する問題で、事業場として確実に対応することが必要です。職業性疾病や長時間労働・職場でのスト

レス問題などです。従業員間の関係に起因する問題もあります。代表例は、喫煙や部下・同僚に対するハラスメントの問題ですが、業務における人間関係や職場が問題発生の場所になる限り、事業場としての対応が必要な問題になります。もう一つは、一人ひとりの従業員の生活習慣や個体差に起因すると考えられる問題です。これは、従業員が健康を損ねることにより、期待する業務が十分できなくなる可能性があるという意味で事業場としても考えることが必要です。

(2) 「健康経営」を考える

　筆者は「健康経営」という言葉があまり好きではありません。「安全経営」と言えば、労働安全とはまったく別の意味になりますし、「健全経営」と言えば財務上の問題を中心にした経営指標をベースにした意味になります。なぜ「健康」だけ「健康経営」として取り上げるのでしょうか。

　「健康経営とは、従業員等の健康管理を経営的な視点で考え、戦略的に実践することです。企業理念に基づき、従業員等への健康投資を行うことは、従業員の活力向上や生産性の向上等の組織の活性化をもたらし、結果的に業績向上や株価向上に繋がると期待されます。」（経済産業省ホームページ）とされています。何も間違っていないと思いますが、一点注意が必要なことがあります。「健康経営」は、経営として取り組むべきことであって、従業員向けに発する言葉ではないということです。従業員が「当社は、健康経営の視点で〇〇に取り組む」という方針を聞いた時、健康管理充実という面のメリットは感じながらも、会社は「会社が評価を得て業績向上や株価向上のために健康管理をしている」とも受け止めかねません。「健

康経営」に取り組むことは、従業員にとっても会社にとっても意味のあることですが、言葉の扱いには気を付ける必要があります。そして、もう一点は、取り組む内容の合理性、言い換えれば、「従業員の健康に本当に役に立つことに取り組むことができるのか」ということになります。「当たり前のことを言うな」と思うかもしれませんが、一度確認してみてください。

(3) 健康管理問題へのアプローチ

(3-1) 継続的にケアする

　健康管理は、「人を対象にしている」いうむずかしさがあります。仕事以外の生活時間の過ごし方という事業場（会社）として立ち入れない（管理できない）部分があり、他の安全衛生管理と異なる面があります。

　健康管理問題へのアプローチの仕方は、大きく分ければ二つになります。一つは、従業員個人へのアプローチです。主に医療関係者が行うことになりますが、職場（管理監督者）の関与（支援）が必要なこともあります。健康診断で異常が見られたケースなどが対象となり、ハイリスクアプローチと言われる取り組みが中心になります。健康診断を実施しても、有所見者などのフォローが十分でなければ、検査の意味がないと言ってもいいでしょう。市中の医療機関（病院や開業医）で診察を受ける時、患者自身が（自分で）継続して診察・治療を受けるか否かを決め、医療機関は、離れていった患者が完治するまで追いかけるということはしません。事業場（会社）では、従業員という固定した対象の健康の問題を取り扱いますので、継続的にケア（フォロー）することができます。継続的なケアをしてこそ、従業員にとっても事業場にとっても意味のある健康診断と

いうことになります。健康診断などのコストを活かすことにもなります。

（3-2）文化にする

　もう一つのアプローチは、従業員が健康的な生活をしようという雰囲気作りで、健康保持増進の取り組みになります。健康教育、啓発、体力測定、ウォークラリーなどの健康イベント開催などもこの類になります。健康に関する常識を変えていく取り組みと位置付けることができ、ポピュレーションアプローチと言われています。この取り組みを得意としない医療関係者も多いと思いますし、取り組んだとしても中途半場に終わってしまっている（イベント的に終わる）ことが多いと思います。目指すレベルを関係者で共有して、粘り強く継続するという戦略的な発想で取り組むことが必要になります。健康的な生活を送ろうという発想が当たり前になる（事業場文化にする）ことを目指すことになります。健康という直接的な面だけでなく、事業場への信頼を高め、事業運営にもプラスの影響が期待できます。

（3-3）予防する

　健康管理への取り組みは、一次予防（健康づくり）、二次予防（疾病の早期発見、早期治療）、三次予防（疾病の治療、重度化予防）と区分されることがあります。二次予防、三次予防が注目されがちですが、事業場（会社）にとっては一次予防がうまくいくことが最も大切なことで、一次予防をすすめることが、二次予防・三次予防の実効性も上げることになります。

5. 健康管理について考える　201

(4) 健康と確率

　ゲノム解析技術の進歩が著しく、健康保持増進の考え方も個人管理（テーラーメイド）の色合いが強くなっていくかもしれません。それでも、複雑な因子が絡み、インプットとアウトプットが1対1の関係にはならないでしょう。

　健康管理の問題は、個人差が大きいために、取り組みにくさを感じさせます。たとえば、タバコを吸えば肺ガンになるかと言えば、肺ガンになる確率は高くなりますが、ならない人もいます。結果に分布があるということになります。そして、安全の問題と同じで、「オレは大丈夫」とか、「これをやると健康にいい」といった事例的・感覚的な見方がよくされるということもあります。

　健康の問題には、確率や分布の問題があるということを認識しておくと、健康保持増進の取り組みを継続するインセンティブに繋がります。

(5) 健康に掛かる費用

　一般的に、加齢とともに生活習慣に起因すると言われる疾病や健康診断結果の有所見者が増えてきます。筆者がある組織を対象にシミュレーションしたところ、従業員が5年経っても5年前の健康状態を維持していれば、医療費や病気による欠勤が大きく減るという結果になりました。体力年齢も当然維持されることになります。当たり前の結果です。従業員の年齢構成によって結果は違ってきますが、シミュレーションすることで、「健康保持増進の取り組みはコストに見合う」という絵が画けるかもしれません。

実際に、掛けるコストに見合った健康管理面の成果が得られるかと言えば、「人」と「環境」という複雑な因子が影響して計算通りには行かないことも多いと思われます。確実に言えることは、会社が従業員の健康管理に力を入れることは、従業員にとっては「自分が大切にされている」と感じ、業務に前向きな姿勢に繋がるということです。筆者は、健康保持増進に取り組むならば、ひっそりと目立たない取り組みではなく、従業員の誰もがその気になるような派手な取り組み方がいいだろうと思っています。もちろん、科学的根拠のある（断定できなくても根拠があると思われる）取り組みを選択することが必要です。健康管理の取り組みは、事業場のマネジメントや安全管理にもいい影響をもたらすことを期待して、取り組みたいと思います。

(6)　健康診断の意味

(6-1)　健康診断を活かす

健康診断は法令で規定されているものもあれば、健康保険組合や自治体が実施しているものもあります。自己負担で人間ドックを受ける人もいるでしょう。

健康診断の目的は、一般的には疾病の早期発見、早期治療ということです。その目的が果たせているのか、時々確認してみることが大切です。健康診断で異常が見付かっても、精密検査や治療に結び付かなければ、検査をした意味がありません。このようなフォローは簡単ではありませんし、関係者の負荷も小さくありませんが、欠かせません。健康を大切にする職場（事業場）風土が、このような健康的な生活への誘導を容易にします。

産業医や衛生管理者などに、健康診断が有効に機能しているかの

データの解析を求めるといいでしょう。時間（受診者の労働時間など）と費用を掛けて実施するのですから、効果を上げたいと思います。

　法定の健康診断の結果は、労働基準監督署に報告することになっています。その全国集計の結果では、有所見者は増え続けています。高齢化が進んでいることによる面があると思われますが、健康診断をするだけでは健康に繋がるということではないことを示しています。

(6-2) 自主的健康診断を活かす

　法令で規定された健康診断以外の自主的健康診断は、従業員の年齢構成や疾病傾向を見極め、男女の従業員それぞれに必要な項目を実施することになります。がん検診や歯科検診がもっとも一般的です。検査項目、対象年齢、頻度などについては、実効性の観点から最適な選択をすることが必要です。頻度や項目が多いということは、受診者に負担を掛けますし、事業場（会社）としてもコスト負担が大きくなります。頻度も一律に年1回ということが多く、従業員にも分かりやすいですが、適切かどうかは見極めが必要です。たとえば、体質に関わる検査とか、肝炎などの検査などを繰り返し実施する意味があるかは検討の余地があります。ハイリスク者に限定して実施するという選択もあります。また、検査しても事後対応がむずかしいものもあります。検査には、陽性／偽陽性、陰性／偽陰性に関わる指標として感度、特異度を勘案する必要があります。日本人は健康診断（検査）を好む傾向がありますが、受診者本人の負担（時間や侵襲（身体への負担）など）も考慮して、意味のある健康診断にしたいものです。このような点について、産業医等に解説してもらうといいと思います。

(7) ストレスチェックを活かす

　ストレスチェックの実施が法令で義務付けられています。ストレスチェック制度が、事業場のマネジメントに活かされているか確認してみてください。過剰なストレスを受けている従業員のケアは必要ですが、事業場としては、各職場で従業員が前向きに仕事に取り組めるマネジメントに結び付けるということが重要な命題です。事業場内の職場組織の状態を比較することだけでなく、事業場（会社）外の情報も入手して、事業場の従業員のストレスの状態のレベルを判断する材料にすることもあってもいいでしょう。ただし、仕事の内容や年齢構成などの影響があるため、単純比較が適当ではないこともあります。

　なお、ストレスチェックの結果は、従業員のメンタルヘルスの全ての状態を表したものではありませんので、ストレスチェックという制度だけに頼ることがないようにすることも必要です。

　従業員が日々仕事をしている職場における管理監督者のマネジメントとして、メンタルヘルスの問題への対応を考えることが必要です。

(8) 仕事と治療の両立

　治療をしながら仕事を続けることを希望する従業員のニーズが高くなってきていることや、事業場として人材の確保の必要性があることを背景に、治療と仕事の両立を推進していくための取り組みが求められています。当該の従業員の問題というだけに留まらない展望を持って取り組むべき課題です。なお、実際の対応としては個別

5. 健康管理について考える　205

の事情を勘案した検討が必要なことも少なくありません。

(9) 食中毒

めったに起きないことですが、給食制度のある事業場や特定の事業者から弁当配達等を受けている場合は、集団食中毒への警戒も必要です。衛生管理者や健康管理部門が的確な管理や指導を行っているか確認しておいてください。

(10) 始業時等の健康確認

始業時に従業員（部下）の健康確認を行うことは、欠かせません。本人に聞き、本人の様子を見て、就業によって健康状態が悪化することがないか、安全に仕事ができるかを確認することになります。就業中も部下・同僚の健康状態を気遣うことも当然必要です。熱中症予防のためにも必要になります。管理監督者が部下の状態を確認することが一般的です。なお、健康確認を行ったからと言って、就業中の健康を保証できものでないことは、共通認識としておく必要があります。この取り組みは、「健康問視」と名付けられて開始されましたが、安全管理面を意味を強調して健康KYとして取り組んでいる事業場もあります。

(11) 個人情報としての理解

健康状態や病気治療については、個人情報だから会社は関与してはいけないと考えている人がいます。一方で、就業によって従業員の健康を悪化させることがあれば、会社の責任が問題にされます。

健康配慮義務があるという言い方もされます。従業員の健康情報を必要な範囲で、職場（上司）と共有できるようにしておくことが必要です。このためには、事業場の規程・基準などで健康情報の取り扱いについて明記しておくことが必要ですが、その前に、健康情報が自分の健康管理のために使われることが当然だという職場の状態（風土）になっていることが必要でしょう。いずれにしろ、本人の了解を得られていない方法で、健康に関する個人情報を利用する（不利益な取り扱いに結び付ける、悪用するなど）ことは避ける必要があります。

　労働安全衛生法にも、健康診断や医師による面接指導の事務に関連して「秘密の保持」に関する規定があります。

⑿　歯科の問題もある

　筆者は、歯科の問題は、従業員の健康管理の面でも重要な課題だと思っています。致命的ではないし、労働との関連性が薄いため注目度は他の健康問題に比べて高くありませんが、歯科の治療を受けるために必要な費用、時間、その他の健康への影響は少なくありません。予防的な対応が比較的可能な分野だと思います。一方、従前よりは改善されているものの、歯科医療費が医療費の中で大きなウェイトを占めている健康保険組合があります。歯科検診を実施している事業場（会社、健康保険組合）も多いのですが、予防的に活用できているかと言えば、検討の余地があると思います。健康管理部門に確認してみてはどうでしょうか。

　法令では、事業者は「塩酸、硝酸、硫酸、亜硫酸、弗化水素、黄りんその他歯又はその支持組織に有害な物のガス、蒸気又は粉じんを発散する場所における業務に常時従事する労働者」を対象に、歯

5. 健康管理について考える　　207

牙酸蝕症を含めた「歯または その支持組織」に関する歯科医師による健康診断を行うことが規定されています。

6. 社外機関と連携する

　安全衛生管理に関わる公的機関や準公的な機関があります。事業場の安全衛生管理は、内向きの仕事が大半ですが、事業場外から幅広い知見を得て活かすことが、安全衛生水準を高めていくために必要です。そのためには、安全衛生部門が積極的に外部機関との関係を作るようにしておきます。

(1) 安全衛生関係の機関

(1-1) 関係機関を確認する

　安全衛生に関係する機関の多くは、厚生労働省関係や労働安全衛生法などの法令に基づいて設置されています。主な関係機関としては、行政機関のほか、①労働災害防止団体（災防団体、中央労働災害防止協会など）、②安全衛生関係機関（都道府県労働基準協会（連合会）、地域労働基準協会）、③登録教習機関等、④登録性能検査機関、⑤安全衛生コンサルタント、⑥大学、研究機関などがあります。事業場が、どのような機関と関係しているのか安全衛生部門に確認しておいてください。

　行政機関である都道府県労働局、労働基準監督署は、厚生労働省の組織で、労働基準監督官、労働安全専門官、労働衛生専門官などが事業場の安全衛生管理に関する職務を行っており、届出や報告を提出する場所でもあり、事業場にとっては非常に身近な機関です。

　なお、事業場がある地域の安全衛生関係機関の役員などを依頼されることもあるかもしれませんが、余程の事情が無ければ引き受け

6. 社外機関と連携する　209

ることを勧めます。幅広い情報を得たり、交流などを通して事業場の状況を客観的に見つめる視点を養うことに繋がります。もちろん、地域に貢献することにもなります。

(1-2) 関係機関を活用する

　会員になることによって機関誌、会員サイトやメールマガジンを通して情報を得ることできる機関もあります。事業場としてサポートを受けられる専門機関もあります。特に、事業場の安全衛生管理について課題があると考えている場合は、外部の専門家に事業場の安全衛生管理について意見を求めることが「気付き」に繋がります。短期間の断面的な調査・確認で的を射たアドバイスが得られるという保証はありませんが、事業場（会社）内の関係者とは違った観点での話が聞けることが多く、気付きがあると思います。継続的に協力を要請することがいい場合もありますが、継続的協力を前提にする必要はありません。中災防などの災防団体や労働安全衛生コンサルタントなどのほか、筆者と関わりが深い公益財団法人大原記念労働科学研究所は、人間工学分野、メンタルヘルス関連、安全マネジメント関連、疲労や労働負荷関連などの調査研究や職場改善支援などの事業のほか、研修や講師派遣なども行っています。

(2)　情報を得る

　繰り返しになりますが、的確な安全衛生管理を行うためには、安全衛生管理に関する専門的で幅広い知識が必要です。安全衛生部門に対して、知識を得る機会を活かすことと、最新の情報を得ることについて指導しておいてください。安全衛生管理は、内向きの仕事が中心になりますので、注意が必要です。知識を得る場は、安全衛

生関係機関が行う研修、交流会、学会、大会などがあります。顔を合わせての交流などから得られる情報は貴重ですし、継続した関係の構築にも繋がります。なお、安全衛生管理に必要な情報は、厚生労働省のホームページ（充実しています）などからも得ることができます。

IV 実効性を求めて

6. 社外機関と連携する　*211*

あとがき

　「安全はトップの姿勢で決まる」と言われていますが、「トップの姿勢で事業場の安全衛生管理が良くなったり悪くなったりしては困る」と思います。トップが誰であろうと、変わらない安全衛生管理を実現する（良い状態を維持する）ことが、トップの役割ではないでしょうか。「トップの姿勢」が云々されるということは、安全衛生管理はまだ過渡期にあることを意味しているのだろうと思っています。「安全だ」「健康だ」といちいち気にすることなく、当たり前に安全で健康的に仕事ができることが理想なのでしょう。

　本書では、実効を上げるということを強調してきました。さまざまな産業があり、さまざまな事業が行われている割に、現在の安全衛生管理は画一的だという印象を持っています。工夫の余地が残されているように思います。日本の安全水準は高いレベルに達していますが、まだ乗り越えなければならない壁があると思います。安全衛生管理を「型通りのことをする」、「型通りのことを徹底する」という段階から一段高めて、より実効性の上がる高いレベルにもって行ってもらえたらと思います。

　安全衛生部門で長く仕事をしてきた立場で思うことがあります。安全衛生部門の人材を最大限に活かしてほしいということです。安全衛生部門の業務に関わることに誇りを持って、やりがいや達成感を感じられる状態であるということは、実効の上がる安全衛生管理ができていて、事業場としてもいいマネジメントができている状態

だろうと思います。安全衛生管理は、事業場のマネジメントの状態を映す鏡です。鏡から目を離さないで、安全衛生部門の人材を最大限に活用し、指導してもらいたいと思います。

　ICT活用技術が進化し、いわゆる「作業」が機械化され自動化されると、従業員の仕事は高度化する面と単純化する面があります。人の考え方（価値観、判断基準など）も、さまざまな要因があって変化していきます。社会の要請も変わっていくでしょう。このような中で、心身の健康管理を含めた安全衛生管理をどのようにすすめていくのがいいのでしょうか。答えは、事業を行うという実態の中にいる読者のみなさんだからこそ導き出せるものだと思います。与えられた枠組みの中での安全衛生管理から、状況に合った安全衛生管理を志向してもらいたいと思います。安全衛生管理の世界にもイノベーションが必要だと言ってもいいと思います。「人の命と健康」に普遍的価値を据え、大きな展望を持って、事業場の安全衛生管理をリードしながら事業を発展させ、延いては、産業界の安全衛生管理のあり方のあるべき姿を示してもらえたらと思っています。読者のみなさんのますますの活躍を期待しています。

＜参考引用文献＞

・中央労働災害防止協会：日本の安全衛生運動、中央労働災害防止協会（1971）
・ジェームズ・リーズン（塩見弘監訳）：組織事故、日科技連（1999）
・エリック・ホルナゲル（北村正晴／小松原明哲監訳）：Safety-Ⅰ＆Safety-Ⅱ（2015）
・福成雄三：企業活動からみた変遷と今後求められるもの、安全と健康62（1）、P21〜P28、中央労働災害防止協会（2011）
・福成雄三：産業安全保健ハンドブック　9.3.1総括安全衛生管理者、公益財団法人大原記念労働科学研究所（2013）
・福成雄三：衛生管理者の仕事、中央労働災害防止協会（2017）
・福成雄三：安全管理者の仕事、中央労働災害防止協会（2017）
・その他厚生労働省ホームページなど行政機関・公的機関の資料

総括安全衛生管理者に中災防からお薦めする図書リスト

〈法規関係・統計・資料〉

1　安全衛生法令要覧　毎年3月頃発行　6,480円

〈内容〉多数の安全衛生関係法令を収録した実務に役立つハンディーな法令集。事業場の安全衛生担当者が使いやすい法令集という視点で編集。
〈目次〉労働安全衛生法、労働安全衛生規則、ボイラー則、クレーン則、有機則、特化則、労働基準法など

2　安全の指標　毎年5月頃発行　702円

〈内容〉全国安全週間実施要綱をはじめ、職場で役立つ資料を豊富に収録。
〈目次〉労働災害の現況／労働災害防止対策の基本／各分野ごとの労働災害防止対策／災害事例／安全に関する主要指針・通達等／資料

3　労働衛生のしおり　毎年8月頃発行　702円

〈内容〉全国労働衛生週間実施要綱、最近の労働衛生対策の展開を解説。さらに業務上疾病の発生状況などの統計データ、関係法令、主要行政通達など職場で役立つ資料を豊富に掲載。
〈目次〉労働衛生の現況／最近の労働衛生対策の展開／労働衛生関係法令・指針・通達等／その他の法令・通達等／主な職業性疾病事例

〈体系書〉

4　新しい時代の安全管理のすべて　大関親著　2014年　5,184円

〈内容〉労働災害の企業経営に及ぼす影響、最低限必要な安全に関する法規制の内容、国際的な潮流となりつつある労働安全衛生マネジメントシステムとの調和、就業態様の変化に伴って新たに対応すべき課題等について、事業場の目線でわかりやすく体系的に取りまとめた、経営者・安全責任者など必読の書。
〈目次〉安全管理の基本／安全管理システム／労働安全衛生マネジメントシステム／労働災害の原因・分析／人間行動の安全対策／機械・設備要因による災害防止／作業・環境要因による災害防止／管理的要因による災害防止／非定常作業の安全／その他配慮すべき安全対策

〈実　務〉

**5　経営トップ層が知っておくべき安全衛生の知識　総括安全衛生管理者の職務
2016年　2,160円**

〈内容〉労働安全衛生法で一定の規模以上の事業場において選任が義務付けられている総括安全衛生管理者の役割と職務を、実際に事業場で行われている活動に即して具体的に解説。
〈目次〉企業経営と安全衛生管理／労働安全衛生法の概要／総括安全衛生管理者の職務／総括安全衛生管理者の統括管理事項／参考資料

6　経営者のための安全衛生のてびき　2016年　1,944円

〈内容〉経営トップのために安全衛生管理体制のあり方や労働衛生対策のあらまし、事業者の法的責任等を解説。中小規模事業場のトップには必携の書。
〈目次〉労働災害の予防管理／労働衛生と健康づくりの基本／労働災害と事業者の法的責任／安全衛生関係機関・団体の紹介

〈安全管理〉

7　創り育てる安全文化　安全行動が自然にできる職場を目指す　西坂明比古著
2017年　2,160円

〈内容〉人ひとりが安全に行動する職場をつくるためには何をしたらよいか。「安全文化」
をキーワードに、その基本的な考え方と、著者と共にJFEプラントエンジ㈱が取り組
んできた活動を紹介する。製鉄所において長く安全衛生管理・教育に携わってきた著者
による情熱の一冊。
〈目次〉安全の見方を変える／災害発生の経緯とその背景にあるもの／企業経営を支える「安
全文化」／安全文化の概念／安全文化の要素／安全文化創生活動／リスクを下げ、安全
性を高める／安全に行動する人と職場をつくる／安全文化を持続的に発展させる仕組み
／安全文化を未来につなげるために

〈安全配慮義務〉

8　よくわかる労災補償と裁判～安全配慮義務と安全衛生管理～　外井浩志著
2016年　1,620円

〈内容〉安全衛生スタッフが知っておくべき労働災害の補償・賠償の知識について、弁護士
として長年実務に携わった著者が、実例を交えて解説。裁判上、安全配慮義務の内容と
して日ごろの安全衛生活動はどのように評価される？　記録や災害後の調査は？。　示
談交渉や、行政、裁判官、弁護士などの専門家との対応のコツなど、ノウハウが満載。
〈目次〉労災補償、損害賠償の基礎知識／労災・職業病事件の裁判事例（責任の範囲と所在）
／安全衛生スタッフが関わる賠償の実務／刑事訴訟手続きへの対応

9　経営者の労働災害防止責任　安全配慮義務Q&A　外井浩志監修　2015年
864円

〈内容〉安全配慮義務の本質は、労働者を使用する事業者の災害予防責任。本書は、労働災
害予防を中心に、安全配慮義務の意義、責任主体、損害賠償に関する考え方などを
Q&A形式で解説。製造物責任法（PL法）における事業者責任についても触れている。
パワーハラスメントや過労に対する安全配慮義務にかかわる判例、統計数値を掲載。

〈快適職場〉

10　事業場におけるストレス対策の実際―ストレスの把握から職場環境等の改善
まで―　2010年　2,376円

〈内容〉いまや事業場におけるメンタルヘルス対策は急務となっている。本書は、心の健康
に影響を与える職場のストレス要因に着目した対策の基本的考え方や14事業場の取り組
み事例のほか、「事業場におけるストレス対策の手引き」を収録。

〈雇入れ時教育〉

11　新入者安全衛生テキスト　2017年　864円

〈内容〉はじめて職場に入る新入者に、安全と健康を守るために心がけてもらわなければな
らない「安全衛生の基本」をまとめたテキスト。やさしくコンパクトに学べる安全衛生
の基礎知識。
〈目次〉安全につながる仕事の基本／職場の安全衛生管理／安全な仕事の基本／安全な仕事
の進め方／安全で快適な環境のために／日常生活でも気を付けよう／健康に過ごす

12	「新入者安全衛生テキスト」指導のポイント～新入者教育を充実させるために～　2017年　1,620円
	〈内容〉新入者の安全衛生教育を行う指導者に向けて編さん。上記「新入者安全衛生テキスト」に対応し、安全衛生の基本事項のそれぞれについて、教え込む要点や理解度を確認するための質問の例などを詳解。

〈読み物〉

13	中災防ブックス1　安全はトップの生き方で決まる─安全確保は義務である─ 丹羽三千雄著　2017年　1,620円
	〈内容〉40余年にわたり、東レグループで先頭に立って安全管理を指導・実践してきた著者が、これまで出版した2冊の著書と330回の講話内容を余すところなく総括した一冊。
14	中災防ブックス2　知っておきたい保護具のはなし　田中茂著　2017年　1,620円
	〈内容〉労働者の身を守る最後の砦となる"安全衛生保護具"。安全衛生保護具をどう選び、どう使うかといった労働者に必須の知識から、保護具の成り立ちや今後の課題まで、誰もが知っておきたい保護具のはなしを満載。特化則の改正で注目を浴びる経皮ばく露を防止するための保護具についての解説も加えた新装改訂版。

ほかにも、小冊子などいろいろあります。
中災防ホームページ（https://www.jisha.or.jp/order/tosho/）にてご確認ください。
情報は、平成30年4月現在

219

福成 雄三(ふくなり ゆうぞう)
(公財)大原記念労働科学研究所特別研究員
労働安全コンサルタント(化学)
労働衛生コンサルタント(労働衛生工学)
日本人間工学会認定人間工学専門家
1976年住友金属工業㈱(現:新日鐵住金㈱)に入社。以後、安全衛生関係業務に従事。日鉄住金マネジメント㈱社長を経て、2016年6月まで中央労働災害防止協会教育推進部審議役。

今日から安全衛生担当シリーズ
総括安全衛生管理者の仕事

平成30年4月26日　第1版第1刷発行

著　者　　福成 雄三
発行者　　三田村憲明
発行所　　中央労働災害防止協会
　　　　　〒108-0023
　　　　　東京都港区芝浦3丁目17番12号　吾妻ビル9階
　　　　　電　話(販売)03-3452-6401
　　　　　　　　(編集)03-3452-6209

カバーデザイン　ア・ロゥデザイン
印刷・製本　　　株式会社丸井工文社

落丁・乱丁本はお取り替えいたします。　ⒸYuzo Fukunari 2018
ISBN978-4-8059-1799-2　C3060
中災防ホームページ　http://www.jisha.or.jp

本書の内容は著作権法によって保護されています。本書の全部または一部を複写(コピー)、複製、転載すること(電子媒体への加工を含む)を禁じます。

中災防の図書

- 全国衛生管理者協議会 推薦!
- 安全衛生の基本からステップアップまで

今日から安全衛生担当シリーズ

衛生管理者の仕事　福成雄三著

ISBN978-4-8059-1760-2
商品No.24800　定価1,296円(本体1,200円+税)
A5判／224頁

　初めて安全衛生担当に選任された人たち向けに、行うべき職務、取組み方法やその留意点、勘どころ等について、より現場的な観点から実践的に解説するシリーズの第1弾。新任の衛生管理者向けに、具体的に何をどのように行うのか、法令に定められた衛生管理者の職務について、現場的に解説する。

お申込み・お問合せは…
中央労働災害防止協会(出版事業部)
TEL 03-3452-6401　FAX 03-3452-2480

中災防の図書

● 安全管理者に選任されたあなたに！

今日から安全衛生担当シリーズ

安全管理者の仕事　福成雄三著

ISBN978-4-8059-1780-0
商品No.24801　　定価1,296円（本体1,200円＋税）
A5判／212頁

　初めて安全衛生担当に選任された人たち向けに、行うべき職務等について、より現場的な観点から実践的に解説するシリーズの第2弾。新しく選任された安全管理者向けに、具体的に何をどのように行うのか、法令に定められた安全管理者の職務について、現場的に解説する。今日から役立つ仕事の教科書。

お申込み・お問合せは…
中央労働災害防止協会（出版事業部）
TEL 03-3452-6401　　FAX 03-3452-2480

中災防の図書

● 定評のある新入者教育用テキスト

新入者安全衛生テキスト

ISBN978-4-8059-1732-9
商品No.23300　定価864円（本体800円＋税）
B5判／4色刷／144頁

はじめて職場に入る新入者に、安全と健康を守るために心がけてもらわなければならない「安全衛生の基本」をまとめたテキスト。豊富なイラストと平易な記述で、分かりやすく解説！ 最新の社会状況や法令にも対応。

お申込み・お問合せは…
中央労働災害防止協会（出版事業部）
TEL 03-3452-6401　　FAX 03-3452-2480

中災防の図書

● 「新入者安全衛生テキスト」の指導者用テキスト

「新入者安全衛生テキスト」指導のポイント
～新入者教育を充実させるために～

ISBN978-4-8059-1733-6
商品No.23301　定価1,620円（本体1,500円＋税）
B5判／2色刷／148頁

新入者を教育する指導者のための教本。「新入者安全衛生テキスト」の全頁を掲載し、新入者に身につけてほしい安全衛生の基本について、指導のポイント、理解度を確認するための質問例など指導に役立つ情報を提供。

お申込み・お問合せは…
中央労働災害防止協会（出版事業部）
TEL 03-3452-6401　　FAX 03-3452-2480